学校心理学入門シリーズ ②

授業改革の方法

市川千秋 ❖監修／宇田 光・山口豊一・西口利文 ❖編集

ナカニシヤ出版

はじめに

　学校心理学入門シリーズの第1巻では，ブリーフ学校カウンセリング（解決焦点化アプローチ）を取り上げた。本書は，それに続く同入門シリーズの第2巻である。

　学校心理学とは，まだ新しい学問分野である。その入門シリーズにどんな内容を盛り込むべきか，研究者によって意見が食い違うかもしれない。

　学校心理学が直面する重要なテーマの一つに授業改革を掲げても，異論は出ないだろう。授業改革はいわば学習指導の改革に他ならない。学校心理学の重要な領域としての学習指導の心理教育的援助のあり方の構築が，求められているのである（石隈利紀，1999，学校心理学）。

　本文中でも紹介されている通り，現在，「学力低下」論争が盛んである。いかにすれば，子どもたちの確かな学力を保証できるのか。新学習指導要領で登場した「総合的な学習の時間」や「発展的学習」は，果たして有効なのだろうか。個々の子どもに合った適切な学習環境が保証されねばならない。このように，私たちの前には，多くの未解決の問題が山積しているのである。

　本書では，大学の研究者はもちろん，教育現場の最前線で活躍しておられる小・中学校の先生方にも，授業改革のための心理教育的援助のあり方をまとめていただいた。特に，少人数授業は今後の授業改革において重要なテーマであり，他方で双方向の授業形態やバズ学習・協同学習，さらには，子どもたち個々のニーズに応じた心理教育的援助のあり方にも目が向けられている。

　そこで，まず1章では，愛知県犬山市で成果をあげている「個に応じる少人数授業」を取り上げる。協同学習による国語の授業実践を紹介している。とりわけここでは，豊かな表現力をつける指導の方法に焦点が当てられている。読解を中心とした伝統的指導では，方法論の蓄積が手薄な部分であろう。また，2章では，少人数授業における教師と子どもとの相互作用に目を向ける。少人数授業を導入しさえすれば事態が改善するというものではない。やはり問題は

中身である。少人数の長所を生かした授業の援助方策を創造していく必要がある。次に，3章では，教科書を超える指導内容に取り組む「発展的な学習」の試みを紹介する。そして，導入の経緯のみならず，個々の子どもに応じていかに取り組むのかを，小学校の算数の実践に焦点を当てて述べている。

続いて4章では，自由バズ学習を取り上げている。これは，従来おこなわれてきた班のメンバーを固定して取り組むバズ学習とは違い，課題ごとに子どもたちが自由に班をつくって，つまり自発的グルーピングをおこなって取り組むものである。それによって学力と人間関係を同時に達成させる試みである。また，5章では授業時間を45分にして残りの5分の時間を放課後に集め，25～30分を，「自学自習の時間」とする試みを報告する。自ら学習し，自ら習得する「自学自習の時間」は指導援助の場ではなく学習援助の場として位置づけられている。さらに，次の6章では，「個別学習アシスト教室」とよばれる学生ボランティアによる個別指導の活動を取り扱っている。学校での学習をサポートするあり方の探求といえるものである。7章は，子どもの援助ニーズを大切にし，子どものニーズに基づいて子どもが教師に求めている4種類のサポートの種類を明らかにしている。そして，「子ども一人ひとりの学力を高める授業」を紹介している。

ここまでは，初等・中等教育段階での授業改革を扱っている。しかし，高等教育においても，教師は授業改革に積極的に取り組んでいる。最後の8章では，大学における伝統的な講義を改革するための方策として，当日ブリーフレポート方式（BRD）を提唱している。この発想を，大学のみならず初等・中等教育段階で応用することも可能であろう。

本書の各章は，それぞれテーマも視点も違うが，共通点がある。それは，いずれも机上の理論に留まることなく，実際に教育現場で試みて，その成果に基づいている点である。新しい授業形態，心理教育的援助のあり方に果敢に挑む実践の数々を，とりそろえたと自負している。

本書の出版に際しては，第1巻に続いて，ナカニシヤ出版の宍倉由高・山本あかねの両氏にお骨折りいただいた。ここに感謝申し上げる次第である。

監修者・編者

目　　次

はじめに　*i*

1　協同学習による国語の授業実践 ……………………………………1
　　はじめに　1
　　場に応じた声で伝えたい内容を話す　2
　　豊かな表現力の育成　10
　　協同学習の考察　17
　　おわりに　20

2　個に応じる少人数授業の指導の分析 ………………………………23
　　はじめに　23
　　授業のプロフィールと記録方法　26
　　授業形態の様子　26
　　個別またはグループ向けに指導・助言を受けた子どもの人数　27
　　45分授業において1人の子どもが教師と個別に関わった時間　32
　　授業中の各学習形態ごとに1人の子どもが教師と個別に関わった時間　32
　　授業中の各学習形態ごとに子どもが教師と個別に関わった時間―学力別分析―　35
　　少人数授業の具体的な授業例　36
　　調査結果からの考察―少人数授業における指針として―　42

3　発展的な学習の指導法―小学校算数の場合― ……………………47
　　はじめに　47

発展的な学習の背景　*47*
　　　発展的な学習の内容　*49*
　　　発展的な学習の指導法　*50*
　　　浜寺小学校の発展的な学習「算数ワールド」　*52*
　　　発展的な学習の成果　*62*
　　　おわりに　*64*

4　自由バズ学習の理論と実際 …………………………………………*65*
　　　はじめに　*65*
　　　少人数教育が広がる中，なぜ自由バズ学習か　*66*
　　　自由バズ学習の源流　*67*
　　　自由バズ学習導入の実際　*69*
　　　自由バズ学習とグループについて　*74*
　　　ポジティブ・メッセージと拘束　*76*
　　　グループの成長と教師のリーダーシップ　*76*
　　　おわりに　*79*

5　自学自習の時間の実践 …………………………………………………*81*
　　　はじめに　*81*
　　　なぜ自学自習の時間を導入したのか　*81*
　　　自学自習の時間のねらい　*82*
　　　自学自習の時間の進め方　*83*
　　　子どもと教師へのアンケート結果　*88*
　　　自学自習の時間導入の成果　*93*
　　　今後の課題と展開　*93*
　　　おわりに　*95*

6　学生ボランティアによる個別学習アシスト教室の実践 ………*97*
　　　個に応じた学習指導　*97*
　　　ボランティアチューターによる個別学習指導　*97*

アシスト教室実施の詳細　*98*
　　　結　果　*104*
　　　まとめと今後の課題　*112*

7　一人ひとりの学力を高める授業――教師の4種類のサポートを中心として―― ……………………………………………… *117*
　　　はじめに　*117*
　　　子どもの「学習意欲の低下」「勉強離れ」　*117*
　　　茨城県教育研修センターの調査結果より　*121*
　　　子どもと学習の折り合い　*123*
　　　授業における教師の4種類のサポート　*125*
　　　子どもが求めるサポートと教師が使うサポート　*127*
　　　授業実践　*130*

8　大学の授業改善と当日ブリーフレポート方式 ……………… *139*
　　　はじめに　*139*
　　　大学での授業改革　*139*
　　　当日ブリーフレポート方式　*147*

索　引　*157*

1 協同学習による国語の授業実践

はじめに

　愛知県犬山市は独自の教育改革を推し進めているが，ここに勤務する筆者も少人数授業や少人数学級，国語の副教本作成などを通して，様々な取り組みに関わってきた。その中でも少人数授業では，2001年度から犬山市教育委員会の客員指導主幹である杉江（2003）が設定した「少人数授業研究会」に2002年度から参加し，算数科における少人数授業のグループ学習に取り組んできた。また，杉江（2003）は，こうした研究会等を通じて，協同学習の理念とその効果についてもふれており，協同学習においては，「集団事態がもたらす動機づけによって学習者の習得が高まるばかりでなく，仲間との相互作用を通して，対人的側面，学習技能の側面など，豊かな同時学習も期待できる」と主張している。ここでいう協同学習とは，単に数名の物理的なグループをつくることにとどまるのではなく，仲間同士の「学び合い」に主眼を置いた概念である。算数の少人数授業の取り組みを通して，協同学習の理念に触れていった犬山市では，現在もなお，各校が「学び合い」を合い言葉に，研究協議を進めている。
　筆者も，算数の少人数授業の中で，このような協同学習を取り入れることで，どの子どもも参加意欲が高く，子どもたち相互の学び合いができる授業を目指してきた。同時に，その効果を明らかにするための研究を進めていった。2003年度まで，この研究を継続し，成果を論文にまとめた（杉江・浅輪，2004）。現在も，学年や単元に応じたよりよい形態を試行しているところである。
　ところで，学習指導要領では「伝え合う力」の育成に力を入れ，国語の教科

書には,「伝え合う力」を育てるスキル学習が, 多く取り上げられるようになってきた。「伝え合う力」の育成は, まさに協同学習から期待される, 仲間との相互作用を通じた同時学習のもとで育まれるといってよいだろう。すなわち, 国語科においても, 協同学習を導入することの教育的な効果が期待できるのである。しかしながら, これまで, 国語では一般的には一斉授業が多かった。しかも算数と違い, 子どもたちの理解度を測定しにくい教科である。そのため, 犬山市でも, 協同学習を取り入れた実践まではされていても, まとまった形での成果が公表された例はなかった。

筆者は「伝え合う力」の育成に協同学習の導入を模索しつつも, 2003年度までは, 授業時数の関係で, これらのスキルの育成自体が負担の大きなものであった。しかし, 折しも2004年度は犬山市が二学期制を導入したことにより, 学習時間の確保がかなり見込める状況になってきた。そこで, 協同学習の理念を踏まえつつ,「伝え合う力」の育成のスキル学習に取り組むことを通じて, 算数のみならず, 学習の中核である国語にも積極的に取り入れることができないかと考え, 実践を進めていくことにした。

なお, 偶然にも, 2004年度の担当学級は, 犬山市が独自に設定した少人数学級の対象学年であり, 23人という人数で行った。そこで今回は, 少人数学級における協同学習の具体的な事例として, その成果を紹介していきたい。

場に応じた声で伝えたい内容を話す

(1) 問　題

新学期早々, 子どもたちに自己紹介をしてもらった。はじめて受け持つ子どもたちで, 皆目個性を掴んでいないので, 楽しみにしていた。もう一つ, 楽しみにしていたのは, 彼らのスピーチ能力だった。どのくらい話せる子どもたちなのか, どこから実践を積んでいけばよいのか等, 課題が見つかることを期待していた。

ところが, たった4列しかない机の後ろで聞いていた私の耳にはほとんど届かない, 蚊の鳴くような声の子どもや, 早口で意味が分からないうちに終わってしまった子どもがほとんどだった。恥ずかしいとか照れているということも

あると思うが，子どもたちの話から，伝えようという意識が感じられなかった。

さらに，これから，グループ学習や調べ学習の発表など，様々な授業形態の導入を考えていた。そのため，まずは「場に応じた声を出すことができる」という目標を設定する必要があった。話すときには，聞く相手がいる。そこで，グループの力を利用して，まず，一人ひとりが意識して，様々な場面で伝えたいことが相手に届く声を出せる仕掛けを組んでいくことにした。

(2) 実践1 「ヴォイス・パワー」の試み

早速，何とか場に応じた声を出すようにさせる手だてはないかと，参考になる書籍を求めていたところ，「ヴォイス・パワー」の実践（堀，2002）を見つけた。筆者なりに消化し，試みた内容を紹介しよう。要約すると以下のようになる（図1参照）。

①4人グループのうち3人を教室の前・中・後ろに後ろ向きに座らせる。
②Aが目当ての子に声をかける。
③後ろ向きの3人は，自分に声をかけられたと思ったら手を挙げる。
④当たったら，1点とし，グループ内で役割をローテーションしていく。
⑤グループごとに得点を競う。

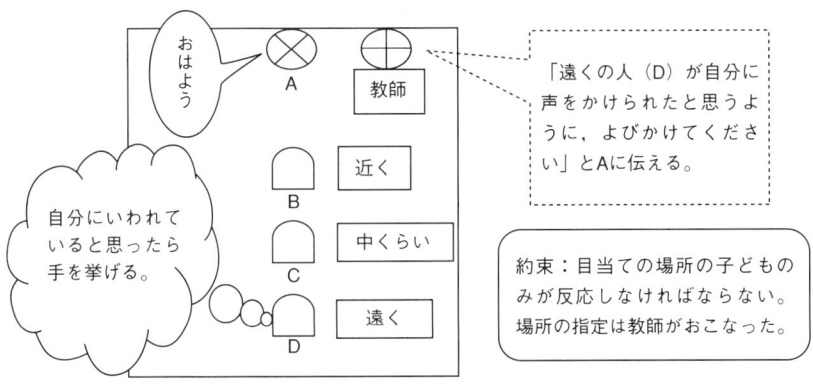

図1　「ヴォイス・パワー」のやり方

図2 声のダイヤル

　競争を取り入れることで,真剣さが増し,とても声の小さかった女の子も必死で声を出していた。遠くの友だちに声が届くように,みんなの前で声を出す経験はあまりなかったと思われるが,グループ活動にすることで出さざるをえない状況になったといえる。
　やってみて,距離と声の大きさを関連づけて意識させられる優れた実践だと感じた。この取り組みで,距離に合わせた声の出し方が意識できるようになった。この後すぐ,「声のダイヤル（図2）」をつくり,場に応じた声の大きさを意識できるように学級で設定した。その他,堀の実践の追試として発声練習（堀,2002）や犬山市作成の『ひびけことば（図3）』に掲載されている早口言葉なども取り入れていった。

(3) **実践2「詩の朗読」**
　「ヴォイス・パワー」の成果を生かして,詩の朗読をすることにした。「一人ひとりがしっかりと声を出して,詩を朗読することができるようにしよう」と呼びかけて,取り組み始めた。
　詩の朗読の練習をするのにグループの力を利用しようと,かねてから考えていた。子どもたちがより意欲をもって取り組めるように,教科書に掲載の詩2点に,前出の『ひびけことば』に掲載されている詩5点を加えて好きな詩を選ばせた。計7点の中からそれぞれが好きな詩を選び,一つの詩につき4～5人

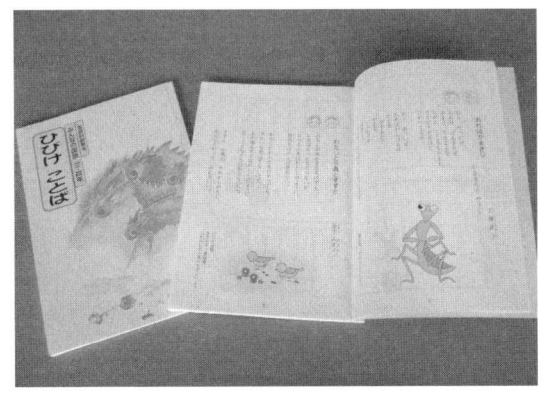

図3　『ひびけことば』のページ

の5グループを編成した。詩ごとのチームに分かれ、「一番上手な子のいい方をまねして、みんなが上手になろう」という目当てをもち、練習に取り組ませた。そして、グループの頑張りが見えるように発表会で競うことにした。採点基準には声の大きさももちろん大きなウエイトを占めるようにした。

　子どもたちは各グループに分かれ、2部屋を使い、練習を進めた。一人ずつ順番に離れた場所をとり、他の友だちにきちんと聞こえたかを確認しながら、練習を進めていった。比較的短い詩ばかりで、覚えていうことにもなっていたので、グループで聞き合いながら正確にいえるように取り組んだ。この方法は、この後の調べ学習の発表の練習などでも、自然に取り入れてやれるようになった。

　中間発表と本発表を行い、どの子どもも声をしっかり出して発表をおこなった。

(4) 実践3「知らせたい、あんなことこんなこと」

　5月のスピーチ教材だったため、連休が終わるのを待って次の実践をおこなった。まず、子どもたちはみんなに話したい出来事を4つ選び、5W1Hのメモを作った。そして、5人くらいのグループを5つつくって分かれた（図4）。

　そして、次時からは、次項に示す①～⑤の流れでスピーチを4時間繰り返した。

図4　グループ内での発表の様子

＜1時間の流れ＞
①子どもはメモのうちひとつを選び，グループの中でそれを見ながら輪番でスピーチする。
②聞いている子どもはメモをとり，内容に足りないことがあったら，スピーチした子に質問をして，話の内容がふくらむように支援する。
③全員が話し終わったら全体にもどり，教師に指名された子どもはグループで聞いた中で，一番よかった話の内容を詳しく紹介する。
④子どもたちは紹介された中で，どの話をもう一度聞きたいかについて意見を出す。
⑤選ばれた子どもは，先ほどグループで質問を受けたことも参考に入れて，今度はメモを見ないで全体にスピーチする。

2回目からはスムーズに流れ，授業時間は十分に足りた。
　子どもたちが使っている教科書の設定では，最終的にはみんながスピーチした内容をもとに新聞を作るのである（図5）。したがって，このスピーチは原稿作りのためにおこなうわけである。筆者は，「グループでたくさん質問をしてあげると，後でよい内容の記事が書けるんだよ。だから，しっかり聞いて質問するのが聞く人の役目だよ」と聞く役割を強調した。

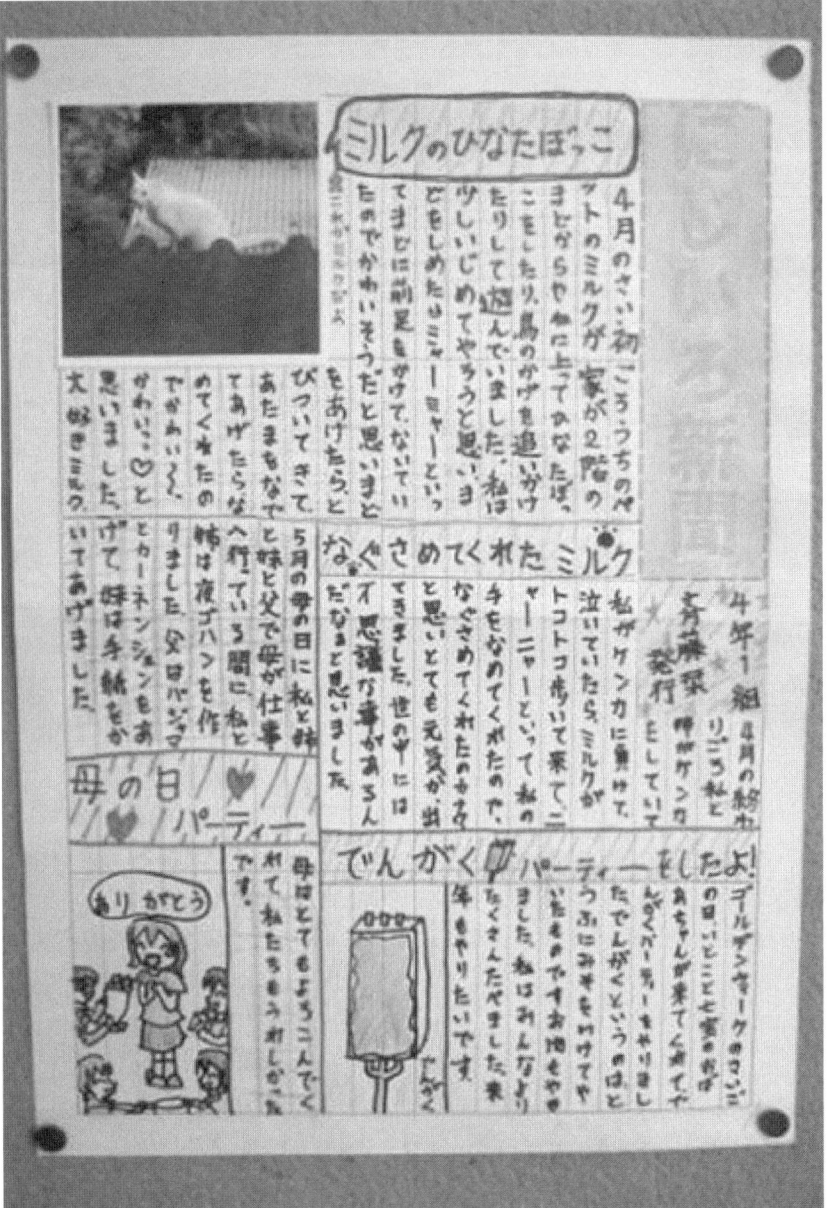

図5 最終の新聞

なおこの実践では，次の①〜⑥のように個・グループ・全体の3場面を繰り返し設定することで，常に緊張感をもち授業に参加できるように配慮している。

①グループの中でスピーチをする。（個からグループへ）
②友だちのスピーチを聞いてメモをする。（個から個へ）
③友だちのスピーチに質問して内容がふくらむように支援する。（個から個へ）
④友だちのスピーチを全員に伝える。（個から全体へ）
⑤紹介された話を聞いて，話して欲しい内容を選ぶ。（全体から個へ）
⑥最初のスピーチの内容をふくらませて，全員の前で話す（図6）。（個から全体へ）

話す立場となったり，聞く立場になったりと役割分担が常に移動し，話す力と同時に聞く力の育成もねらっている。そして，全体の場への架け橋になっているのが，最初のグループ活動である。ここで質問を受けて，そのスピーチで足りなかった内容を知り，複数のメンバーの関わり合いで豊かな内容になったからこそ，全体の場で紹介したり，もう一度メモなしでスピーチしたりする自信につながったのである。

グループの中で聞いた話を学級全体に紹介することについては，いつ指名されても発表できるように準備しておくという前提で，教師が指名していた。4回目の授業では全員が発表経験済みで，2巡目に入っていたこともあり，半数の子どもが自分から「話したい」といって，挙手をして発表することができた。

(5) **考察と今後の課題**

以上3つの取り組みを通して，子どもたちは自己紹介とは見違えるように声を出して人前で話すことができるようになった。他者に聞かせるということや，聞こえる声量という点をとても意識できるようになった。

どんな取り組みが効果的であったか，それぞれの授業後，子どもたちにアンケートをとった。その結果，「詩の朗読」の授業後のアンケートでは，先に実

図6 選ばれて全体の場でスピーチする子どもたち

践した「ヴォイス・パワー」の取り組みの効果をほぼ全員が支持した。漠然と「大きな声で」とか「遠くの人に聞こえるように」という声かけをするのではなく、実際にどのくらいの声を出すと、思う相手に届くかを体験することは、子どもたちにとって具体的で分かりやすい。堀（2002）の実践のすばらしさを感じた。

「スピーチ」の授業についても、教師が指定した項目を選ぶ方法で子どもに質問した。結果は図7のグラフのとおりである。

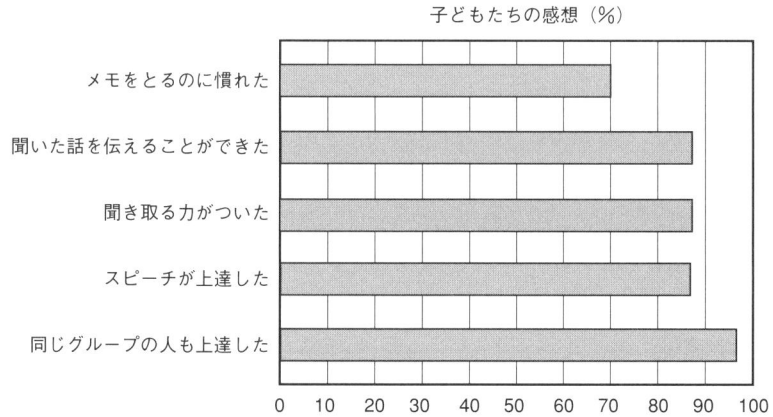

図7 「スピーチ」の授業後、子どもたちにどんな力がついたか、グループのメンバーはどうだったかを質問した結果

「スピーチが上達した」「聞き取る力がついた」「聞いた話を伝えることができた」といった項目で90％近くの子どもたちができたと答えた。話す力や聞く力の自信の高まりが感じられる。

話すことや伝える活動が1回きりで終わったり，別々におこなわれたりせず，4回継続して積み上げたことが，前回の反省を生かしながら学ぶことにつながり，効果的だったといえる。

また，今回は同じメンバーでグループ学習を続けたが，このことも，結果的に学習の流れをスムーズにし，グループのメンバーの上達ぶりを評価する結果につながったと思われる。このことは，筆者がねらっていた，学び合いができるグループ学習がなされていたものと考えてよいだろう。

しかし，全体の前で発表した経験が少なく，子どもたちからも「少人数グループの中で発表するのには慣れたが，大人数の前ではまだだめだ」という声も多く聞かれた。さらに大勢の前での発表に取り組む必要性を感じた。

豊かな表現力の育成

(1) 問　題

発表における一人ひとりの話し方は，しっかり意識し，どの子どももよく声が出るようになってきた。しかし，子どもたちにとって，話の内容を人に伝えるということは，予め準備した原稿を読むことだという意識が強く，聞き手が引き込まれるような生き生きとした話し方や，誰が話した言葉なのかがよく分かるように伝える表現力はまだ乏しかった。7月に行った「共生する生き物の対談」（東京書籍4年上）での最初の発表は，原稿を読むだけといった感じが強かった。分からなくても資料の言葉をそのまま使った例も多かった。そのため，自分の言葉を使って分かりやすく話すという課題を与え，再度挑戦させた。この実践を通して，子どもたちは自分の言葉で話すことの重要性を感じることができた。

また，どうしても長期間の取り組みになるグループ活動では，自分勝手なことをしてしまう子どもがいたことや，話す活動に意欲的に参加できない子どもがいた。このため，一人ひとりの子どもたちが，それぞれの役割を担い，協力

し合ってこそ達成できる発表課題を通して，チームワークの大切さを学ぶチャンスをつくりたいと考えていた。

次の単元「教え合おう，生活の工夫」（東京書籍4年下）は，司会，発表，実演の役割分担を取り入れたプレゼンテーション能力を育てる題材だった。そこで，今度こそ子どもたちに役割をはっきりとさせつつ，話し方や，動作に表現力をつけるチャンスだと考えた。

そして，以前から話し方や動作の表現力をつけるために劇を導入したいとも考えていた。そこで，「教え合おう，生活の工夫」の単元に先立ち，劇の練習の課題を取り入れることにした。この劇の取り組みで，チームワークの大切さや，分かりやすく伝えるための表現力の大切さを学んでくれることを期待した。

「教え合おう，生活の工夫」の単元では，TVの番組のように，司会，発表，実演それぞれの役割が見ている人にきちんと伝わるように雰囲気をもたせると同時に，演じている本人では気がつかないことをアドバイスする役割を意図的に設けた。出演していなくても，グループ全員で一つの発表をつくり上げる達成感を味わう経験をさせることをねらったのである。

(2) **実践1　劇の練習**

運動会も終わった10月の初めに，かねてから表現力をつけるために，劇に取り組ませたいと考えていたので実践することにした。自分という意識を捨て，役柄になりきって話をすることで，どんな立場の人の言葉なのかが伝わるように話せる力がつくのではないかと考えた。しかし，国語の時間を使っての活動であり，時間的に長いものは無理なので，1年生用の展開の速いものを選び，しかも，一人ひとりの出番が多くなるように小グループで取り組むことにした。

学級をA，B，Cの3グループに分けた。1グループは7〜8人である。その中で役を決めさせた。子どもたちは暗記するのに苦労し，特にAグループは主役の男子が台詞を覚えず，まじめに取り組まないので，女子が怒ったりしてもめごとが絶えなかった。そこで，中間発表を設けて，取り組みへの動機づけになるようにした。このときに，他のグループの様子を知って自分たちのグループ活動を反省したり，よりよくするための課題を見つけたりさせた。

中間発表では「台詞を覚える，動作をしっかりする，大きな声を出す」など

図8 劇のグループ練習をする子どもたち

の課題を,多くの子どもがもった。

この中間発表で,うまくいかなかったグループの子どもたちは,一番上手にできたグループがまとまりよく練習していたことを知った。そして,劇を仕上げるのにはチームワークが大切だということを感じ,本番に向けての練習はずっと集中できるようになった(図8)。普段は4人か5人の少人数グループで活動することが多いが,今回のように8人というとかなり苦労し,グループ活動には,まとまろうとする意識が欠かせないことを,子どもたちは今更ながらに実感したようだ。

また,この取り組みのねらいであった表現力についても,1年生らしいやりとりを表現するうちに,言葉に熱が入っていた。子どもたちは,観客に伝えるためには,台詞をきちんと覚えることや動作をつけて声を出すことが有効であることを理解することができた。

(3) 実践2「教え合おう,生活の工夫」

この単元は,まさにプレゼンテーション能力を磨く教材である。教科書では劇や,対談,テレビ番組など例を挙げ,発表形態にも工夫を凝らすことになっていたが,グループで一つの発表をするのではなく,全員が発表,司会,実演,助言者を経験することに重点を置き,「伝わるように声を出すこと」「分かりやすく説明すること」「チームで作り上げること」を大きなねらいとした。また,

聞く立場にも，聞いたとおり実演の技を再現するという課題を与えておき，聞くこともおろそかにならないように配慮した。

時間数は指導書の予定では14時間だったが，全員発表をすることから時間数を増やして，18時間をとった。発表会は全部で5回行い，1回1回の発表が次へのステップになるように，発表と練習の時間を交互に設定した。発表会の後，まだ足りない点を話し合い，次への課題として子どもが明確に把握できるように，常に課題は教室前方に掲示した。こうして，最終発表会が一番優れた発表になることを目標に，グループでの話し合いを充実させていくことを事前にしっかりと伝えた。

単元の流れは図9のとおりである。

---

①学習の見通しをもち，1グループ4～5人の5グループに分かれ，発表者1人につき，司会者と補助者の役割分担を決める。全員がすべての役割を経験することができるように分担する。
②生活の工夫の技が紹介された資料を読み，1人につき一つの発表内容を決める（図10）。
③④実際に自分が工夫の技をやってみた経験と，教師のモデル発表をもとに，分かりやすい発表原稿を書く。
⑤⑥グループで発表原稿を読み合わせ，分かりにくいところを出し合う。
⑦グループでもらった意見を踏まえて原稿を書き直す。
⑧グループ内で，聞き合ったり話し合ったりしながら内容を検討し，より分かりやすい発表になるように練習を進める。
⑨1回目の発表会を行う。直した方がよいことを話し合い，確認する。
⑩⑫⑭⑯⑰前回出た課題が解決するように練習をする。

⑪⑬⑮2回目～4回目までの発表会では，前回の改善点を生かした発表をし，新たな課題を見つける。
⑱今までに学んだことを全て踏まえて，5回目の発表会ではグループの代表的な発表という位置づけでおこなう。発表後，5グループの発表をみんなで評価し合う。

（○数字は授業回を表す）

図9　単元の流れ

今回は，伝えることに時間をかけるため，資料は教師の方で「伊東家の食卓」の中から，教室で実演可能な内容を1人につき二つの割合で選び，同じグルー

図10　子どもたちが受け取った資料（日本テレビ（2003）を参考に作成）

プのものしか見ないように概要を渡した（図10）。グループのメンバーはそれぞれ配付された概要を持ち帰り，家で試しにやってみて一つに絞った。

　紹介する内容が決まった後，グループで役割分担をした。ある班は図11のように決まった。つまり，たとえばAは「チョークで落書きを消す」という内容の発表原稿を書き，紹介をする。そして，「簡単に切手をはがす」という発表のときは司会を担当する。さらに，「重い荷物が楽に運べる」という発表では実演をしてみせる。「針に糸を簡単に通す」と「ゴム手袋を簡単に乾かす」では，助言者として，練習に参加する。ということで，どの回にも参加することになっていた。

　グループ学習もこれまでにずいぶん回数を重ねてきたが，今回のメンバーの課題は，グループ全体の発表力が向上するように関わることであった。これは子どもたちにとっては難易度の高い目標であった。そのため，教師は次のことに力を入れて声をかけるようにした。主な内容は下のとおりである。

・助言者が仕事を忘れて，ぼんやりとしがちなので，「あなたがいってあげないと，やっている本人は気がつかないんだよ」と声をかけ続けた。
・友だちの発表の実演をしてあげることになるので，それが「確実に成功するように前もって練習してあげなさい」と声をかけ続けた。
・発表者が最初に原稿を作るが，みんなで見て足りないところを書き足すようにいった。司会者ももらった原稿通りではなく，いい方を変えたりして

発表会	内容	発表者	司会者	実演者	助言者
1回目	チョークで落書きを消す	A	B	C	D・E
2回目	針に糸を簡単に通す	B	C	D	E・A
3回目	ゴム手袋を簡単に乾かす	C	D	E	A・B
4回目	重い荷物が楽に運べる	D	E	A	B・C
5回目	簡単に切手をはがす	E	A	B	C・D

図11　あるグループの役割分担

工夫するようにいった。また，さらに発展して，楽しいいい方などの工夫をするようにもいった。
・助言者の子どもには，話し方が速くないか，実演が見やすいかをチェックするようにいった。実際に自分が原稿を書いてみて書ける速さで話しているかを試す必要を教えた。

　最初の発表では，あらかじめ子どもに渡したマニュアルに入っていた，「どんなときに裏技を使うといいか」という説明すらなく，他グループの子どもからグループ点検の不備を指摘される場面もあった。しかし，こうやって失敗を繰り返すうち，発表のしかたの工夫も見られるようになってきた。
　発表が進むにつれて，実演の見せ方がとても難しいことが教師も子どもも分かってきた。子どもたちは単元計画の第3時の教師のモデル発表（図9）で，基本的に使うものをよく見えるようにするぐらいのことは分かっていたようだが，実演中の手元が見にくかったりした。
　ようやく，4回目，5回目の発表会ではデジカメ写真を利用したり，図示したり，実物投影機で見せたりと，発表のしかたのバリエーションは多少増えた。それにしても，小さな道具を使ってのプレゼンテーションの難しさを教師も身にしみて感じた。

(4) **考察と今後の課題**
　自分自身の言葉ではなく，役柄がついたり，ある役割を担った人物としての

16　1　協同学習による国語の授業実践

図12　発表する子どもたち

言葉で伝えたりするという課題については，生活の工夫を教える番組の登場人物になりきる経験を通して，全員がきちんと台詞を覚えて，はきはきといえたことからかなり達成できた。もっとも，発表の最初の頃は，まだ気持ちがせいて速すぎた子どももいたが，「内容や気持ちが伝わらない」ということで，学級全体の次への課題として提示していくうちに，気にならなくなってきた。

　また，いかに便利で簡単な方法なのかが聞いている方も分かりやすく，手順についての質問はほとんどでなかった。

　2回目の発表会は授業参観，3回目の発表会は研究授業になっていたが，後ろにいた保護者や教師たちからも，発表についてはよくできていたという感想をもらうことができた。司会者は司会者らしく，発表者は「この技はこんなにいいんだよ」という気持ちをこめて話すことができた。この背景として，劇の取り組みで得た，「台詞を覚える」「大きな声を出す」ことの成果が大きかったと感じた。

　実際，単元終了後にとった子どものアンケート（図13）でも，「覚えて話す」ことの達成者が一番多いという結果が出ている。言葉を自分のものにして，人前で発表することの大切さを理解したようだ。そのために練習時間を発表ごとに確保したことも大きな要因と思われる。聞き合う中で，話す内容を確実に自分のものにしていくことができた。

　また，実演者として「前もって練習してできるようにする」ことに力を入れ

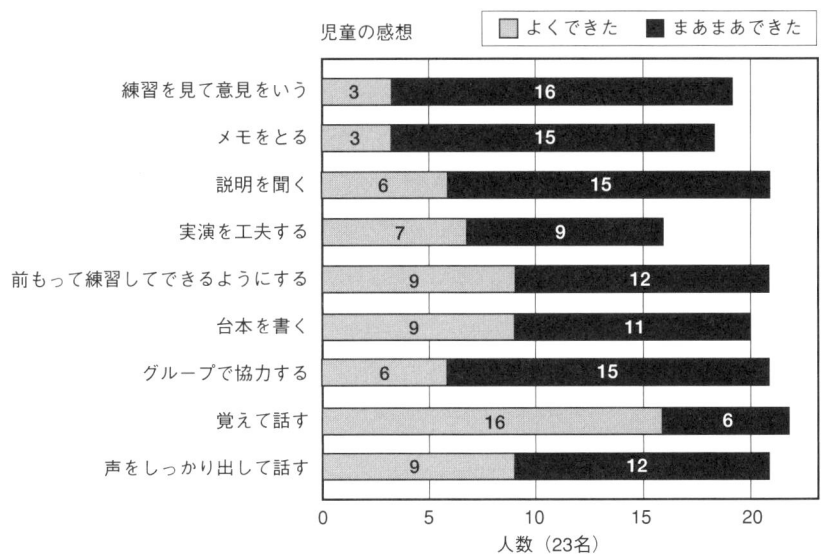

図13　単元終了後に「自分ができたと思うこと」を聞いた結果

た子どもが多かったのは大きな成果である。発表会の回数を重ねるにつれて，実演者が熱心に練習する姿が見られるようになった。見せることの難しさや，視覚に訴えることの有効性や，グループの一員としての役割をよく理解していたと考えられる。

　全体的には，数多く成果があったが，プレゼンテーションの工夫の難しさが課題として残ったようだ。今回の実践では，子どもたちが助言者として「練習を見て意見をいう」ことを重視していたものの，「よくできた」といった子どもは少なかった。このことへの対応も，今後の課題として工夫が求められる。そして，こういう発表形態ではなく，朗読や意見発表の場でも生き生きと思いや状況が伝わるいい方を身につけていく経験も必要だと考えられる。

協同学習の考察

　以上では，主に協同学習を意識した実践を中心に取り上げてきた。「伝え合

う」ためには相手が欠かせない。相手が同じ立場の者で互いに学び合い，高められるならこんな好都合なことはない。こんな気持ちが，積極的にグループを活用した取り組みを進める機動力になったことは間違いない。ここでは，協同学習の立場で考察を進めていきたい。

(1) 協同学習を国語科に取り入れたことの効果

　まず，子どもたちは「伝え合う力」を高めるということを通じて，聞き合って活動することの大切さを学んだといえる。グループ，あるいはペアで聞き合うことによって，自分のパフォーマンスが客観的にどうかということを意識できるようになった。たとえば，学年末のことであるが，意見発表のスピーチの本番前に，「練習時間をください」といって，自分から進んで友人に「聞いてみてくれ」と頼んでいる子どもが何人もいた。このことからも，声の大きさや速さが人に伝えるために必要であることを意識できるようになったことが分かる。その練習の甲斐あって，声の大きさと速さについては，どの子どもも十分聞きやすいスピーチができるようになっていた。

　また，表現力についても，子どもたちは意識を高めることができた。12月に朗読の練習に取り組んでいたとき，一斉指導の授業形態ではあったが，上手な読み方をする子どもから表現方法を学ぼうとしていた。その結果，学級全体のレベルが顕著に上がった。その後2月には，かつて舞台で演劇をやっていて，現在アナウンスなどで活躍している方を朗読の講師として招き，授業を受けた。講師の方の目の前に情景が浮かび上がるような素晴らしい朗読に感動し，実際に一人ずつ指導を受けた。その後，子ども同士のペアで朗読の練習を行い，授業参観の発表の時に，ペアの相手の朗読がどうだったかということを書いて相手に渡すようにした。その感想は，筆者の感想とほとんど一致していた。目標とするレベルの一定のモデルを示してやると，そこにいき着くための正当な評価力を，子どもでも十分習得できるのである。友人の朗読を評価し合うことで，高い目標を再確認して，表現力も高まり合うことができることを感じた。そして，こうした表現力の高まりにつながる学び合いの学習を続けたことで，子どもたちの自己学習能力が向上したことも特筆に値するであろう。

　このように，1年を通して少しずつ形を変えながらも，何回も練習の場を与

えることで，聞き合い，伝え合うことを意識し，そのスキルを身につけてきたようである。

(2) 協同学習の効果

ここまでの実践の中で，子どもたちは，ただ一緒に活動するグループ学習とは違った目的をもった活動を経験している。つまり，一人ひとりが役割をもち，責任を果たさなければならないように，意図して役割分担が設定された，協同学習の理念に沿ったグループ学習をおこなってきたのである。その結果，様々な力が身に付いてきた。たとえば，スピーチの実践では，「グループで聞いた話を全体に伝える」という役割が与えられたことにより，友達の話を聞こうとする意識が高まった。また，「生活の工夫」の紹介の実践では，一人の発表に司会者，実演者を設定することによって，連携をとることを課題とした。そのため，司会者は滞りなく話を進めるためにしっかり暗記し，実演者は必ず成功するように何度も練習をした。これらの経験を通して，関わり合って活動することが当たり前という雰囲気が生まれてきた。学年後半では，算数で実施していたグループ学習も，みんなができるまで待つという態度が身についてきた。グループ学習ではないときでも，教えたり，教えてもらったりという姿が自然に見られるようになった。

(3) 今後の課題

筆者は，協同学習に出会う以前から，グループによる活動でリーダーをたてずにおくことがよくあった。子どもたちの心理として，班長などの代表がいると，できないときには，「班長がしっかりしなかったから」などという気持ちをメンバーがもっている気がしたことや，子どもに適材適所でリーダーを選ぶ能力がないことから，全員に頑張らせたい活動はなるべくリーダーを決めないようにしていたのである。また，リーダーを予め決めておかなくても，意欲のある子どもやリーダーとしての素質をもった子どもが，その場その場でリーダーとして機能するはずだと考えていた。

しかし，今回の劇の取り組みのように7～8人という大所帯では，なかなか自然にまとまるのは難しいと感じた。3グループのうち上手くいったのは1グ

ループで,そのグループにはリーダーの素質がある子どもが多かった気がしている。リーダーに関するこうした問題を含め,協同学習におけるグループ編成のあり方は,常に大きな課題となる。

　もっとも,この劇の苦しみの成果で,その次の「生活の工夫」の発表の練習は,発表者,実演者,司会者においては自分の責任を果たそうという意識が高かったといえる。練習中にふらふらと他グループへ遊びに行くようなことはほとんどなかった。協同学習が目指すように,一人ひとりの責任や役割が明確な場面では,活動意欲が非常に高くなることが示された。ただし助言者の立場に限っては,その役割を理解することが難しい上,そのような経験がほとんどないため,しっかりやり遂げたと意識するのが難しかった。そういうことからも,「生活の工夫」で,あえて「助言者」として第三者の立場に立つ経験をさせたことの価値は大きいといえる。第三者の客観的な目を有効に使うことは,これから高学年での意見を主張するような場面において,ますます重要性を増してくる。このような立場の経験をさらに増やすことで,学級全体のレベルを上げていく必要があるといえる。

おわりに

　ここに掲載した実践は,主に,4月から10月ぐらいの半年間の報告である。このほかにも説明文の教材や,文学教材の読み取りの実践もおこなっている。どれもグループ学習の形式のみならず,一斉指導の中でも協同学習の理念に基づいた学び合いができるという考え方から生み出された実践である。

　ここでは主として音声言語的なスキル学習について取り上げてきたが,4月からのビデオを見てみると,声の出し方が変わったと感じることができた。特に,劇の取り組みで,「聞かせること」「役になること」を体で感じた経験が大きいという気がする。しかし,だからといって4月の最初から劇に取り組んで上手くいくとは思えない。子どもたちの様子をみて,課題の導入の時期を見計らうことも教師の重要な役割だと考えている。

　また,本学級では国語のみならず,算数の授業で,社会の授業で,体育の授業で,総合的な学習の中で協同学習を実践した。その結果として,子どもたち

は，伝える相手を意識し，協力する必要性を感じてきたという手応えを感じている。学び合いの中から気づいて欲しいという筆者の願いのもとに，子どもたちには互いに関わり合うようによく声をかけたが，一人ひとりに個別指導することはほとんどなかった。みんなと一緒に伸びているという子どもたちの実感を大切にしてきたのである。

浅輪郁代（愛知県犬山市立犬山北小学校）

※本章は，前赴任校の犬山市立犬山東小学校での実践をもとに執筆したものである。

【文献】

浅輪郁代・杉江修治　2004　確かな学びを育てる少人数授業の設計　中京大学教養論叢　**45**(1)，155-203.

堀裕嗣・研究集団ことのは　2002　総合学習を支え活かす国語科2　教室プレゼンテーションの20の技術　明治図書

日本テレビ　2003　続続続続続　伊藤家の食卓　裏ワザ大全集　2004年版　日本テレビ放送網

杉江修治編　2003　子どもの学びを育てる少人数授業―犬山市の提案　明治図書

杉江修治　2004　教育心理学と実践活動―協同学習による授業改善―教育心理学年報　**43**，156-165.

杉江修治編　2004　犬山の少人数授業　協同原理を生かした実践の事例　一粒社　pp.97-145.

2 個に応じる少人数授業の指導の分析

はじめに

　平成13年度（2001年度）より，「公立義務教育諸学校の学級編成及び教職員定数の標準に関する法律」の改正に伴って，「学級の弾力的編制」が認められることとなった。その結果として，各地方自治体において，少人数授業を実施する動きがみられるようになってきた。

　クラスサイズを小さくすると，高い教育効果が得られるということは，教育に関するこれまでの実証的研究を通じて指摘されてきたことである。杉江（1996）は，学級規模についての1958年からの国内外の研究のレビューを通じて，20〜30名規模の学級が，学習内容の習得に効果的であること，子どもたちの相互作用を通じた多様な経験の習得が見込まれることを指摘している。加藤（2001）は，クラスサイズとその効果に関するメタ研究の成果として知られるグラス・スミス曲線（Glass, Cahen, Smith & Filby, 1982）をもとに，教師の満足度は30人を割るサイズから高くなり，子どもの情緒面に与える影響と学習達成度は，20人を境として，小さなサイズで著しく高くなるとまとめている。ならびに，国内の小・中学校におけるクラスサイズと教育効果についての独自の研究結果をもとに，クラスサイズが40人学級よりも30人学級，30人学級よりも20人学級において，概ね学習達成度が高くなる傾向を示している（加藤，2001）。

　では，少人数のクラスサイズが教育効果に結びつくという現象は，いかなる授業をしていても生じるものなのだろうか。おそらく，クラスサイズが小さく

なっただけでは，必ずしも一様な教育効果に結びつくとは限らないだろう。少人数のクラスサイズのもとで，高い教育効果につながる授業をするためには，個々の学習者の能力や要求に応える授業となっているかどうかが鍵になると考えられるのである。分かりやすい例を挙げるが，ある教師が30人と15人のそれぞれのクラスサイズで同じ単元内容の授業をおこなったとしよう。そして，仮に45〜50分の授業時間のすべてを，教師からの一方向的な講義に終始したとしよう。この場合，15人のクラスサイズでの子どもの学力が，30人のクラスサイズでの子どもの学力よりも著しく高くなることなどほとんど期待できないことは容易に想像がつくだろう。

平成13年度からの教育改革の一環として，小・中学校の少人数授業への積極的な取り組みで知られる愛知県犬山市においても，少人数授業を，個に応じる積極的な手立てであると捉えられている（杉江，2003）。クラスサイズを小さくすることによる教育効果を期待する背景には，教師と個々の子どもとの相互作用が増し，教師と子どもとの安定した良好な関係が形成され，結果として子どもたちの学習への動機づけや技能が高められることが想定されているのである。

さて，多くの小・中学校で展開されている授業では，無論，先の例のように，教師が終始一方向的な講義をおこなっているわけではない。一斉学習の形態をとるなかでも，教師から個々の子どもへの指名や，子どもからの質問による，教師と個々の子どもとの相互作用の機会は見られ，個に応じた教育的関わりをする契機となっている。さらには一斉学習の授業形態のみならず，個別学習の形態や，時にはペアやグループでの授業形態も見られる。すなわち，標準的な授業においても，若干の差はあれども，個に応じた指導の場が用意されているものである。ではクラスサイズが小さくなることがもたらす教育効果のメカニズムは，具体的にはどのような姿で実践に現れているのだろうか。

西口（2003）は，小学校4年生の算数授業のうち，15人と30人のクラスサイズである授業を対象に，教師と児童との間に個別の関わりが見られた時間を比較している。その結果，調査対象となった授業の中で個別学習に費やされる時間については，いずれのクラスサイズにおいても15分程度が充てられ，両者にはほとんど違いはなかった。しかしながら，興味深いことに，個別学習の

時間内に個々の子どもが教師と直接的な関わりをもっていた合計時間は，15人の授業の方が30人授業の3倍以上であったのである。たしかに，15人は30人の半分であるため，児童1人あたりの教師による関与時間は2倍程度になることまでは容易に推察できる。しかし実際にはそれ以上の関わりがあったわけである。考えられる理由として次のことが挙げられている。

① クラスサイズが小さくなると，課題に困難を抱える子どもを見極めるために費やされる，直接的な相互作用のない机間指導時間をあまり必要としない。
② 多人数では，時間的猶予のなさから，学力の高い子どもに対しては「素通り」にもなる机間指導でも，少人数の環境では，物理的，時間的なゆとりから，何らかのコミュニケーションがとれる。

このように，教師と個々の子どもとの相互作用の機会は，少人数授業のもとで，容易に，かつ効率的に増えることが示されている。

もっとも，少人数授業を通じた教師による個々の子どもへの教育的関わりの現状と，一層の可能性を明らかにするためには，少なくとも次の3点を，さらに理解していく必要がある。

① 少人数授業のもとで，どのくらいの割合の子どもがどれだけの時間にわたり，教師と実際に関わることができるか。
② 学力の異なる子どもによって，教師と子どもの相互作用にどういった特徴がみられるだろうか。
③ 少人数授業の環境をさらに生かし，個に応じた教育的関わりをおこなうための一層の工夫すべき点や留意点はないだろうか。

筆者は，これらのことがらを明らかにする手段として，現状の少人数授業の様子についての観察ならびにビデオ撮影の記録をおこなった。そして，そのデータの分析をもとに，上述の3点について解明することにした。以下ではこれらに関する報告をしたい。

授業のプロフィールと記録方法

　愛知県犬山市内の公立小学校6年生学級で実施されていた，算数少人数授業が調査対象であった。調査対象の授業は，いずれも1学級の子どもたちを算数の授業時に2教室に分けて，学級担任教員と，市で独自に加配した教員の計2名により，それぞれの教室の授業を担当するスタイルであった。1教室あたり，11〜17人，平均すると15人規模の子どもが在籍するかたちであった。
　2004年5月から2005年2月の調査期間の間に，5名の教師の5回分の授業，1名の教師の4回分の授業，そして1名の教師の3回分の授業，計7名の教師による32回分の授業を記録した。記録は，ビデオカメラ，ボイスレコーダーを通じておこなった。記録されたデータをもとに，次のことをチェックした。

①授業形態。
②教師と個別あるいはグループ単位での関わりが見られた子どもあるいはそのグループの確認。
③②の関わりが見られた時間。

　①の授業形態については，個別学習（個々の子どもがそれぞれ課題に取り組む形態，図1），グループ学習（2〜5名からなる既定のグループで課題に取り組む形態），一斉学習（クラス全員で同時に同じ課題に取り組む形態）を目安に分類した。

授業形態の様子

　各授業の子どもの数ならびに，各授業形態（個別学習，グループ学習，一斉学習，その他）がとられた時間を表1に示した。なお，全32回の授業の中には，個別学習とグループ学習を同時併用している授業形態も見られた。この授業形態を「個別＋グループ学習併用」と位置づけた。各授業は，開始から終了までの時間が，38.0分から49.2分と，ばらつきが見られた。そこで表1では，全授業の平均値（授業形態の配分時間については，授業をちょうど45分とみ

図1 少人数授業における個別学習の様子

なした場合の変換値も併記）を示している。

　すべての授業を45分授業として換算した場合の平均時間を確認すると，個別学習の時間は17.5分，一斉学習の時間は17.6分と，ほぼ同じ時間であった。また，グループ学習ならびに個別＋グループ学習併用については，それぞれ6.7分，1.5分を示した。グループ学習と個別＋グループ学習併用を，ともにグループ学習と見なすと，これらの値は，西口（2003）が，犬山市の小学校4年生の算数少人数授業の調査結果で示した，個別学習16.2分，一斉学習21.8分，グループ学習7.1分という時間配分とも近似していた。西口（2003）は同様な調査を30人学級の算数授業でおこなっており，そのデータでは，個別学習15.3分，一斉学習29.7分，グループ学習0.0分を示していた。

　つまり，調査対象の授業は，これまでの犬山市の少人数授業と概ね同様な授業形態で進められていた。特に個別学習の時間においては，30人学級の調査とも共通した，一般的な時間配分であった。つまり，観察した32回の授業を平均化してみる限りでは，授業形態の時間配分は，標準的なものであったといえる。

個別またはグループ向けに指導・助言を受けた子どもの人数

　今回観察した11～17人のクラスサイズの少人数授業において，教師はどれ

だけの子どもと個別に関わっていただろうか。観察対象となった32回の授業において，教師から個別に指導や助言を受けた子どもの人数について確認した。グループ学習の形態のときは，教師はグループ単位で子どもたちと関わっていたことが多いため，この形態に関しては，グループ内の他の子どもと一緒に指導や助言を受けた子どもの人数も確認した（表2）。

その結果，教師がすべての子どもと個別に関わる機会をもっていた授業は，計11回で，これは観察対象となった授業の3分の1を超えていた。また，観察対象の最大数であった17人クラスの4回分の授業のうち3回までが，すべての子どもと教師が個別に関わる機会をもっていた。

10人以上の子どもたちと個別に関わる機会を教師がもっていた授業は，32回のうち27回であった。これより少ない数の子ども（4〜8人）としか個別に関わっていなかった授業も5回見られた。しかしこれら5つの授業には共通点があり，いずれも，他の授業よりも多い16.7〜31.0分という時間を，グループ学習の授業形態に利用していた（表2で網掛けした授業）。これらの授業は，いずれも机を物理的に合わせた3〜5人のメンバーが相互に学び合いながら，課題に取り組むという学習形態を軸に進めていた。そのため，教師が個々の子どもに教育的な介入をする必要性が低かったわけである。なお，これら5回の授業においては，教師は3〜5人のグループ単位を相手にしながら子どもたちとの関わりをもっていた。結果的には最低でも12人の子どもが，グループの一員として教師との関わりの機会を得ていた。

次に，表2に示したデータをもとに，個別あるいはグループ単位で教師との直接的な関わりをもった子どもの人数の平均値を算出した。この結果を示したのが表3である。

今回調査対象となった全32回の授業において，45分の授業あたり12.3人の子どもが，教師と個別に指導あるいは助言を受けていた。これは15人のクラスサイズでの80％以上の子どもに相当する。

15分以上のグループ学習がおこなわれていた5回の授業は，グループでの子ども同士の相互の学び合いを重視した授業であることから，これら5回の授業と，残りの27回の授業（グループ学習が15分未満の授業）とを分けて，先と同じようなデータを導いた（表3参照）。その結果，27回の授業（グループ学

表1 授業における子どもの数ならびに各授業形態に割り当てられた時間

授業番号	教師	子どもの数(人)	全時間(分)	個別学習(分)	グループ学習(分)	個別+グループ学習(分)	一斉学習(分)	その他(分)
1	A	17	46.2	12.8	9.3	13.7	8.5	1.8
2	A	14	45.3	18.3	4.7	0.0	21.5	0.8
3	A	17	46.7	35.8	0.0	0.0	8.6	2.3
4	A	16	44.8	15.0	9.5	0.0	19.3	1.0
5	A	16	47.7	22.3	11.7	0.0	11.3	2.3
6	B	17	44.7	6.6	31.0	0.0	5.6	1.5
7	B	17	42.0	10.1	0.0	0.0	31.1	0.8
8	B	17	44.3	8.5	30.3	0.0	3.0	2.5
9	B	17	45.3	12.4	16.7	0.0	15.4	0.8
10	B	16	46.7	15.8	13.8	0.0	13.3	3.7
11	C	13	41.7	15.5	0.0	0.0	25.2	1.0
12	C	14	44.2	20.8	0.0	0.0	19.2	4.2
13	C	12	41.5	9.8	2.2	0.0	28.7	0.8
14	C	13	43.5	5.2	0.0	0.0	37.2	1.2
15	C	13	41.7	14.7	1.0	0.0	24.5	1.5
16	D	14	46.8	20.7	3.5	0.0	21.8	0.8
17	D	14	47.2	12.6	0.0	0.0	33.6	1.0
18	D	14	40.3	12.4	0.0	0.0	25.8	2.2
19	D	11	40.7	22.8	0.0	2.8	13.5	1.5
20	D	14	47.0	16.8	0.0	8.2	19.3	2.7
21	E	17	45.3	42.2	0.0	0.0	1.2	2.0
22	E	11	45.0	9.3	0.0	21.8	12.5	1.3
23	E	17	45.7	25.0	0.8	0.0	16.5	3.3
24	E	14	45.5	24.1	1.5	0.0	14.1	5.8
25	F	16	49.2	36.6	6.1	0.0	5.6	0.9
26	F	16	46.2	16.6	6.2	0.0	23.3	0.2
27	F	17	48.0	0.0	29.7	0.0	17.0	1.3
28	F	17	47.0	4.0	23.3	0.0	18.6	1.2
29	F	17	42.8	30.3	0.0	0.0	10.8	1.8
30	G	14	38.0	19.1	1.2	0.0	16.4	1.3
31	G	17	42.3	14.1	9.4	0.0	17.8	1.0
32	G	14	42.0	24.2	0.0	0.0	16.5	1.3
平均		15.1	44.5	17.3	6.6	1.5	17.4	1.8
平均(授業時間を45分とみなした場合の各授業形態の時間)			45.0	17.5	6.7	1.5	17.6	1.8

表2 各授業にて教師から個別または少人数グループ単位で指導や助言を受けた子どもの人数（各授業形態の時間も参考に付す）

授業番号	教師	クラスサイズ (人)	個別で教師から指導や助言を受けた子どもの人数 (人)				グループ学習時に教師からグループ単位で指導や助言を受けた子どもの総数 (人)	全授業時間 (分)	各授業形態の実施時間 (分)		
			全授業時間	個別学習時	グループ学習時	一斉学習時			個別学習	グループ学習	一斉学習
3	A	17	17	17	0	0	0	46.7	35.8	0.0	8.6
23	E	17	17	14	3	6	0	45.7	25.0	0.8	16.5
31	G	17	17	17	3	7	10	42.3	14.1	9.4	17.8
7	B	17	16	14	0	11	0	42.0	10.1	0.0	31.1
25	F	16	15	15	8	0	4	49.2	36.6	6.1	5.6
26	F	16	15	14	0	11	16	46.2	16.6	6.2	23.3
29	F	17	15	15	3	2	0	42.8	30.3	0.0	10.8
10	B	16	14	10	0	10	16	46.7	15.8	13.8	13.3
12	D	14	14	14	0	9	0	44.2	20.8	0.0	19.2
16	D	14	14	14	0	11	14	46.8	20.7	3.5	21.8
20	D	14	14	14	6	5	0	47.0	16.8	0.0	19.3
24	E	14	14	13	1	5	0	45.5	24.1	1.5	14.1
32	G	14	14	14	0	8	0	42.0	24.2	0.0	16.5
2	A	14	13	13	1	1	14	45.3	18.3	4.7	21.5
4	A	16	13	10	1	6	16	44.8	15.0	9.5	19.3
11	C	13	13	13	0	9	0	41.7	15.5	0.0	25.2
14	C	13	13	12	0	12	0	43.5	5.2	0.0	37.2
17	D	14	13	9	0	9	0	47.2	12.6	0.0	33.6
21	E	17	13	13	0	0	0	45.3	42.2	0.0	1.2
15	C	13	12	9	0	8	11	41.7	14.7	1.0	24.5
18	D	14	12	11	0	10	0	40.3	12.4	0.0	25.8
30	G	14	12	11	0	6	0	38.0	19.1	1.2	16.4
5	A	16	12	12	1	0	16	47.7	22.3	11.7	11.3
1	A	17	12	11	7	0	17	46.2	12.8	9.3	8.5
19	D	11	11	11	0	9	0	40.7	22.8	0.0	13.5
13	C	12	11	10	0	6	4	41.5	9.8	2.2	28.7
22	E	11	10	7	8	2	0	45.0	9.3	0.0	12.5
9	B	17	8	2	1	5	17	45.3	12.4	16.7	15.4
8	B	17	8	6	0	0	17	44.3	8.5	30.3	3.0
27	F	17	6	0	5	2	17	48.0	0.0	29.7	17.0
6	B	17	5	3	1	2	17	44.7	6.6	31.0	5.6
28	F	17	4	0	2	2	12	47.0	4.0	23.3	18.6

表3 授業中に教師から個人あるいは少人数グループ単位で指導や助言を受けた子どもの人数（授業形態別の平均値）

	クラスサイズ	全授業時間	個別学習時	グループ学習時	一斉学習時	グループ学習時に、教師からグループ単位で指導や助言を受けた子どもの総数
全授業（32授業）の平均（人）	15.1	12.3	10.9	1.6	5.4	6.8
割合＝指導や助言を受けた子どもの人数／クラスサイズ		81.8％	72.0％	10.6％	36.0％	45.1％
各授業形態が45分間続けられたと仮定した場合の人数		12.5	28.3	10.8	14.1	46.3
グループ学習が15分未満の授業（27授業）の平均（人）	14.7	13.6	12.5	1.6	6.0	5.1
割合＝指導や助言を受けた子どもの人数／クラスサイズ		92.0％	84.7％	10.6％	41.0％	34.7％
各授業形態が45分間続けられたと仮定した場合の人数		13.8	28.5	23.0	14.5	75.6
グループ学習が15分以上の授業（5授業）の平均（人）	17.0	5.8	2.2	1.8	2.2	16.0
割合＝指導や助言を受けた子どもの人数／クラスサイズ		34.1％	12.9％	10.6％	12.9％	94.1％
各授業形態が45分間続けられたと仮定した場合の人数		5.7	16.0	3.2	8.5	28.0

習が15分未満の授業）における教師からの個別での指導や助言を受けた子どもの割合は，1授業あたり14.7人のクラスサイズで13.6人の子どもが教師と個別に関わり，全体の92.0％に相当した。残りの5回の授業（グループ学習が15分以上の授業）においては，グループ学習時に，グループ単位での教師からの関わりを12～17人が受けていたが，これは平均すると，94.1％の子どもに相当した。すなわち，クラスサイズが15人規模になると，授業形態によって教師の関わり方には違いが見られるものの，45分の授業の中で，教師は90％以上という，ほぼ全員に近い子どもと個別あるいはグループ単位で関わることが可能であるといえる。

45分授業において1人の子どもが教師と個別に関わった時間

では，教師と個別に関わる機会を得た子どもたちは，45分授業の中で，教師からどのくらいの時間，個別に指導や助言を受けていたのだろうか。

研究対象となった32回分の授業における延べ483人の子どもたちが，教師からの個別の指導や助言等の関わりを受けていた時間を，「0秒」「0秒より多く10秒以下」……「745秒」という範囲で区分した。各区分に含まれた子どもの比率を表したのが図2である。

平均値は33.8秒であったが，全体の68.1％の子どもが教師との関わりが30秒以内であった。頻度がもっとも高い区分は「0秒より多く10秒以下」であった。50秒を超える関わりの機会を得ていた子どもは20.3％で，15人のクラスサイズで換算するとほぼ3人に相当する。また90秒を超える子どもは8.3％で，15人のクラスサイズで換算すると概ね1人がこのような関わりを受けたことに相当する。なお，最大では745秒（12分25秒）の指導や助言を受けた子どもが1人みられたが，あとは280秒（4分40秒）以内でおさまっていた。

授業中の各学習形態ごとに1人の子どもが教師と個別に関わった時間

個別学習，グループ学習，一斉学習といった授業形態をとっているときに，どの程度の割合の子どもたちがどのくらいの時間にわたり，教師から個別に指

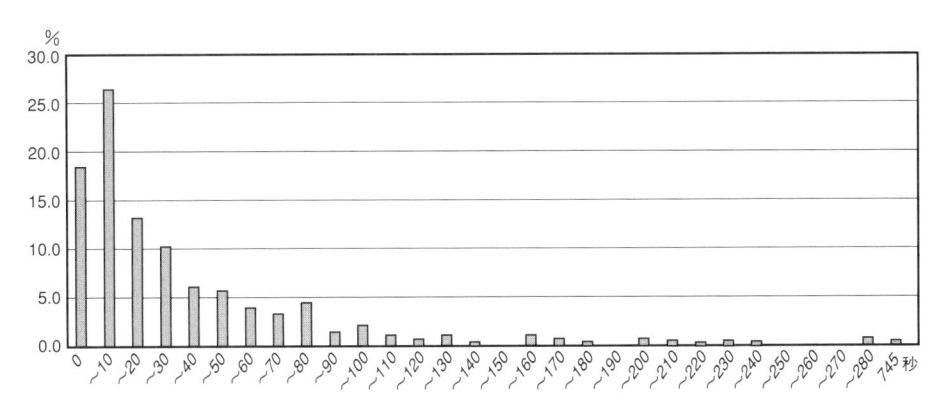

図2　45分授業の中で子どもが教師から個別に指導や助言を受けた時間（秒）

導や助言を受けていたかについて分析をおこなった。

個別学習時では（図3），全体の72.0％（表3も参照）の子どもが，教師から個別に指導や助言などの何らかの関わり（つまり，関与時間が「0秒」でない状態）を受けていた。具体的な関与時間については，全体の31.1％が「0秒より多く10秒以下」であった。30秒を超える関与時間を受けた子どもは19.9％で，これは15人のクラスサイズではほぼ3人に相当する。さらに70秒を超える子どもは6.8％で，15人のクラスサイズで概ね1人は70秒以上の関わりを受けていたことになる。なお，平均値を算出したところ，22.1秒であった。

グループ学習時では（図4），もともと教師が個別に子どもに関わることが少なかったこともあり，個別に関わりを受けた（関与時間が「0秒」でない）子どもは，全体の10.6％（表3も参照）を占めたにすぎない。30秒を超える関与時間を受けた子どもは全体の1.4％で，15人のクラスサイズでは1人に満たない。

一斉学習時では（図5），教師からの個別の関わりを受けた（関与時間が「0秒」でない）子どもは36.0％（表3も参照）であった。30秒を超える関与時間を受けた子どもは，全体の8.3％にとどまっており，15人のクラスサイズで1人強に相当する程度である。

図3 個別学習の形態時に子どもが教師から個別に指導や助言を受けた時間（秒）

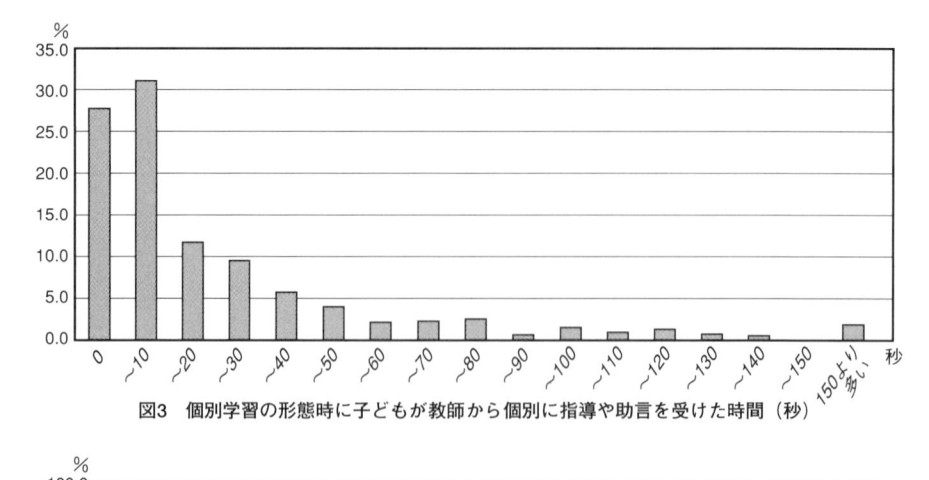

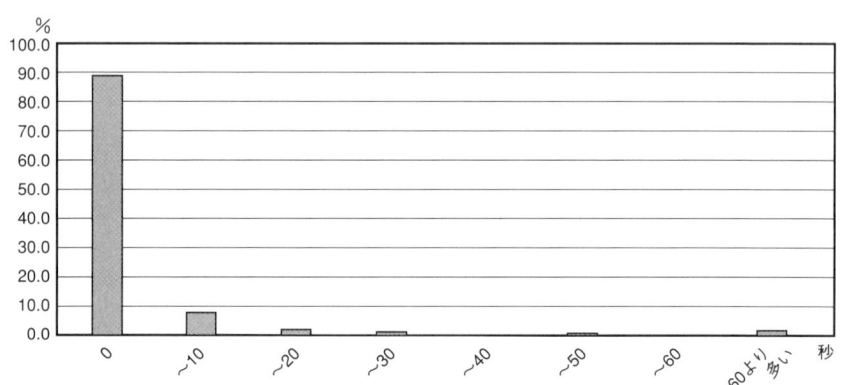

図4 グループ学習の形態時に子どもが教師から個別に指導や助言を受けた時間（秒）

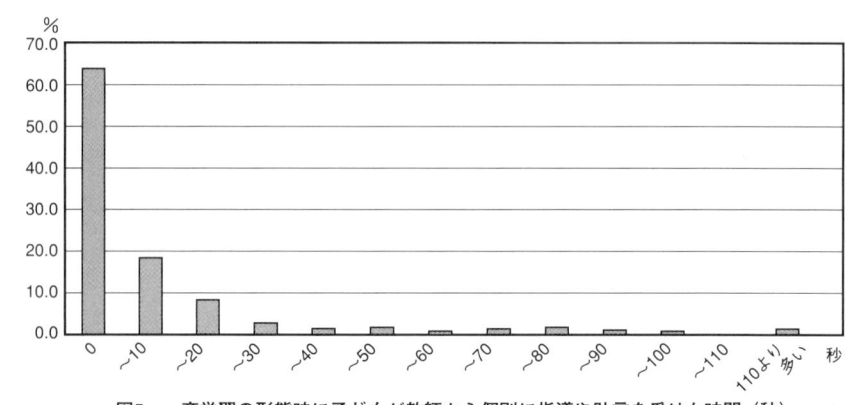

図5 一斉学習の形態時に子どもが教師から個別に指導や助言を受けた時間（秒）

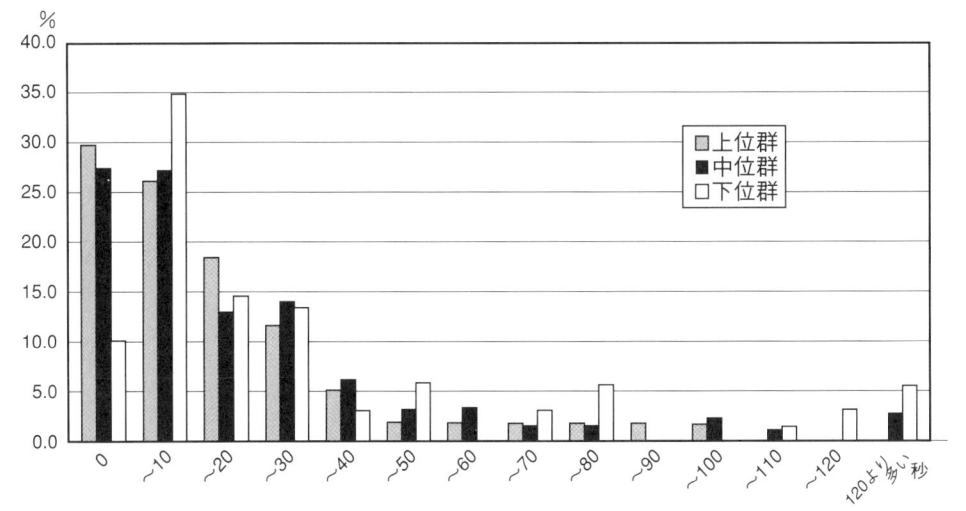

図6 個別学習の形態時に子どもが教師から個別に指導や助言を受けた時間（学力別）（秒）

授業中の各学習形態ごとに子どもが教師と個別に関わった時間
―学力別分析―

　教師から個別に指導や助言を受ける時間は，子どもの学力によって異なると考えられた。低学力の子どもに対しては，教師からの多くの教育的な支援が必要となることが推察できるからである。そこで，算数の学力についての担任教師からの報告に基づいて，子どもたちを，およそ3分の1ずつで算数学力上位群，中位群，下位群に分けた上で，それぞれの群の子どもたちが，教師からの個別の関わりを受けていた時間を授業形態別（個別学習，グループ学習，一斉学習）に分析した。

　個別学習時においては（図6），人数および時間ともに，算数学力の下位群の子どもに対して，教師が個別に関わる傾向が顕著に示された。具体的には，関わりの時間が「0秒」というのが，上位群，中位群では，それぞれ29.1％，27.1％に対して，下位群では10.1％と相対的に少ない。一方，120秒よりも多い時間にわたり教師が個別に関わった子どもの割合は，上位群が0.0％，中位群で2.1％，下位群で5.8％と，下位群に多いことが示された。また，3群の平

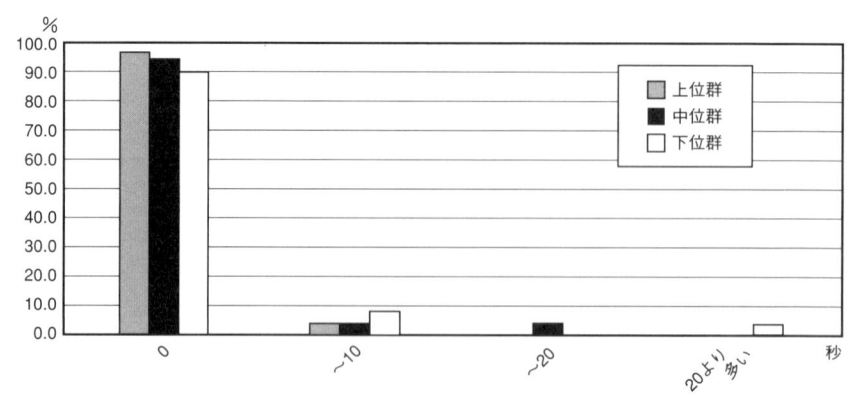

図7 グループ学習の形態時に子どもが教師から個別に指導や助言を受けた時間（学力別）（秒）

均関与時間を算出したところ，上位群，中位群，下位群から順に，16.8秒，22.4秒，34.9秒と，下位群ほど教師からの関わりを受ける時間が長いという結果が示された。

グループ学習時では（図7），もともと教師が子どもと個別に関わる機会が少なかった。このため，教師からの個別に関わりを受ける機会が，子どもの学力の違いによって異なることを示すデータは得られなかった。

一斉学習時では（図8），教師から何らかの関わりを受けた子どもの割合（つまり「0秒」でない子ども）が，上位群41.0％，中位群31.3％，下位群49.3％であった。つまり個別学習のように，必ずしも下位群の子どもへの関わりが顕著にみられたわけではない。むしろ，上位群においては，教師からの何らかの関わりを受けた子どもが，中位群よりも多めであった。一斉学習の時間においては，すべての子どもを対象とした授業という大きな流れの中で，挙手や自発的な発言をきっかけとした教師との相互作用がみられる。上位群の子どもにおいては，こうした積極的な授業への関与を示し，教師との個別のやりとりが多くなり，それがデータに反映されていると読むことができる。

少人数授業の具体的な授業例

15人前後のクラスサイズで算数の授業をおこなった場合，ほとんどの子ど

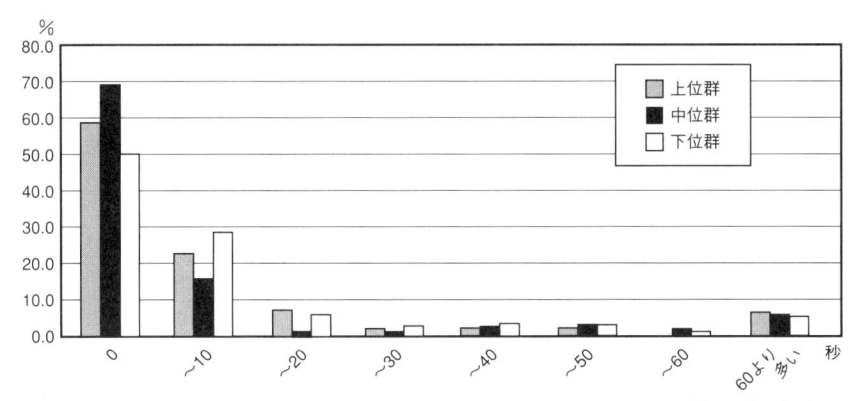

図8　一斉学習の形態時に子どもが教師から個別に指導や助言を受けた時間（学力別）（秒）

もが教師と直接的な関わりをもつことが示された。さらに，具体的な授業像にせまるために，授業形態が，表1で示した平均的な時間配分に近い，授業番号4のA先生の授業と，授業番号31のG先生の授業の様子を概観して，教師と個々の子どもとの関わり合いが，各授業の中で，どのようにおこなわれていたかを確認しておくことにしたい。

(1) 授業番号4（表1，A教師の授業）

　16人の子どもを対象に44.8分間でおこなわれた。授業形態別の時間配分は，個別学習15.0分，グループ学習9.5分，一斉学習19.3分，その他1.0分であった。合計13人の子どもが，教師との個別の関わりの機会をもっていた。

　授業の内容は，分数の割算の応用であった。被除数ならびに除数が分数の場合でも，整数の場合と同じ考え方をすることにより，問題を解くことができることの理解をねらって授業が進められていた。この授業の時間の流れを示したのが図9である。後半にグループ学習を挟んでいるが，全体としては一斉学習と個別学習の形態を，2〜5分程度ずつの交互に進めている様子が分かる。

　教師と子どもの個別の関わりについてであるが，一斉学習のときは，5回の機会で延べ7人と関わっている。最初の1人は，前列に座っていた子どもで，直前に課された課題への手応えを教師が確認することによって生じた関わりがみられた。残りの6人との関わりは，教師がクラス全体向けの発表をうながす

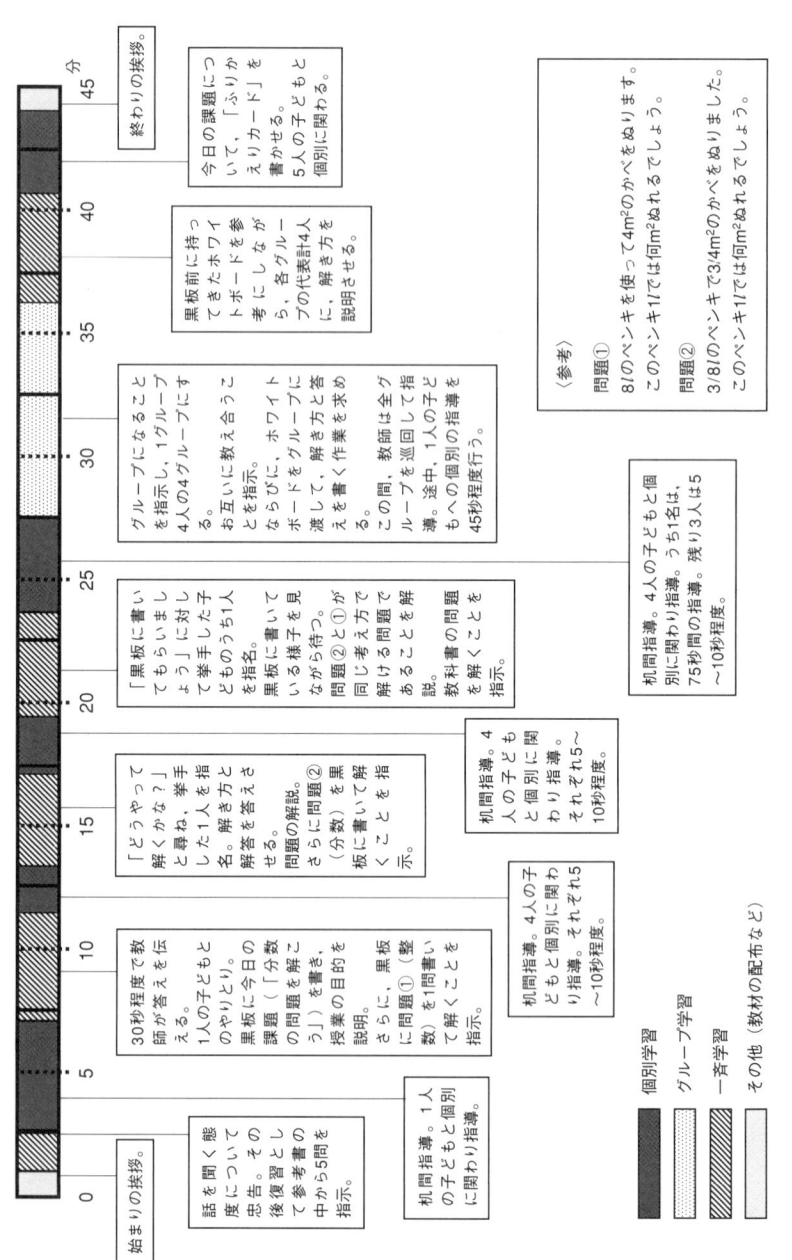

38　2　個に応じる少人数授業の指導の分析

[0分] 始まりの挨拶。

[0–5分] 話を聞く態度について忠告。その後復習として参考書の中から5問を指示。

机間指導。1人の子どもと個別に関わり指示。

[5–10分] 30秒程度で教師が答えを伝える。1人の子どもとのやりとり。黒板に今日の課題（「分数の問題を解こう」）を書き、授業の目的を説明。さらに、黒板に問題①を1問書いて解くことを指示。

机間指導。4人の子どもと個別に関わり指導。それぞれ5〜10秒程度。

[10–15分] 「どうやって解くのかな？」と尋ね、挙手した1人を指名。解き方を答えさせ、問題の解説。さらに問題②を黒板に書いて解くこと（分数）を指示。

机間指導。4人の子どもと個別に関わり指導。それぞれ5〜10秒程度。

[15–25分] 「黒板に書いてもらいましょう」と学手した子どものうち1人を指名。黒板に書いている様子を見ながら待つ。問題②と①が同じ考え方で解ける問題であることを解説。教科書の問題を解くことを指示。

机間指導。4人の子どもと個別に指導。うち1名は75秒間の指導、残り3人は5〜10秒程度。

[25–35分] グループになることを指示し、1グループ4人の4グループにする。お互いに教えあうことを指示。ならびに、ホワイトボードをグループに渡して、解き方と答えを書く作業を求める。この間、教師は全グループを巡回して指導。途中で1人の子どもへの個別の指導を45秒程度行う。

[35–40分] 黒板前に持ってきたホワイトボードを参考にしながら、各グループの代表4人に、解き方を説明させる。

[40–45分] 今日の課題について、「ふりかえりカード」を書かせる。5人の子どもと個別に関わる。

[45分] 終わりの挨拶。

〈参考〉
問題①
8 l のペンキを使って4 m² のかべをぬります。
このペンキ1 l では何m² ぬれるでしょう。

問題②
3/8 l のペンキで3/4 m² のかべをぬりました。
このペンキ1 l では何m² ぬれるでしょう。

凡例：個別学習／グループ学習／一斉学習／その他（教材の配布など）

図9　授業番号4（A教師）の流れ

表4 授業番号4の個別学習時（2～4回目）に，教師が子ども
1人と相互作用するのにどれだけの時間を費やしたか？

	①全時間	②実際に教師が子どもと相互作用した時間の合計	③教師との相互作用のあった子どもの人数	④ ①の1人当たりの時間（=①／③）	⑤ ②の1人当たりの時間（=②／③）
2回目	100秒	25秒	4人	25.0秒	6.3秒
3回目	120秒	25秒	4人	30.0秒	6.3秒
4回目	280秒	95秒	4人	70.0秒	23.8秒
合計	500秒	145秒	のべ12人	41.7秒	12.1秒

ことをきっかけとしたものであった。

　グループ学習時には，教師は1人の子どもと45秒間関わっており，その時に取り組んでいた問題に対する個別による指導というかたちでの関わりであった。

　さて，個別への指導や助言がもっとも見られたのは，個別学習の時間であった。個別学習の形態は，授業の中で5回見られたが，最初の個別学習の機会では，先回の授業内容の復習にあたる課題を，小テストに近い形でおこなっていたこともあり，教師は机間指導をおこないながらも，1人の子どもに関わるにとどまっていた。また，最後の個別学習の機会は，この授業で毎回実施されている，各子どもがその日の自分の理解度などを書く「ふりかえりカード」を記録する作業のために充てられており，教師は子どもの記録を確認するという目的で，5人の子どもと関わっていた。そのため，当日の学習のねらいと直接結びついた課題に子どもたちが従事していた個別学習の機会は，2～4回目であった。

　表4に示すが，2回目，3回目ともほぼ同じように，1人あたりの平均6.3秒間で，計4人の子どもが合計25秒間，教師との個別の指導や助言を受けていた。また，4回目の個別学習の機会でも，4人の子どもが教師と関わっていたが，指導や助言を受けていた時間は，1人の子どもは75秒間，残りは5～10秒間で，平均すると23.8秒間，合計すると95秒間であった。また，2，3，4回目の各回における，個別学習のためにとられていた時間（机間を無言で巡回するなど，子どもとの直接的な相互作用がない時間を含む）は，それぞれ100

秒（1分40秒），120秒（2分00秒），280秒（4分40秒）であった。

すなわち，これらの個別学習の機会では，教師は41.7秒のうちの12.1秒間を，直接1人の子どもと関わるというペースにより，個別への指導，助言をおこなっていたことが分かる。これは，個別学習の形態を60秒とったときに，教師による子どもへの指導時間が17.4秒であったことに相当する。

(2) 授業番号31（表1，G教師の授業）

17人の子どもを対象に，42.3分の授業時間でおこなわれた。授業形態別の時間配分は，個別学習14.1分，グループ学習9.4分，一斉学習17.8分，その他1.0分であった。17人すべての子どもが，教師との個別の関わりの機会をもった授業であった。授業の内容は，直方体の組み合わせから成り立つ立体の体積を求める課題で，種々の考え方により体積を求めることが可能であることの理解を目指した授業であった。授業時間の流れを示したのが図10である。10分前後ごとに，一斉学習→グループ学習→一斉学習→個別学習といったかたちで授業形態を変えていることが分かる。

教師と子どもとの間で見られた個別的な関わりについてであるが，一斉学習の2回の機会のうち，1回目は問題①の解き方について教師が子どもにアイディアを求め，挙手した3人を指名する形で関わっていた。2回目は問題①に関する解き方を，直前に形成していたグループの代表者6人に答えるように働きかけていた。いずれもクラス全体向けの発表のきっかけを教師がつくることで生じた関わりであった。

グループ学習時には，教師は3人の子どもに，それぞれ5～15秒間個別の指導や助言をおこなっていた。

個別学習の時間には，教師は17人すべての子どもに対して個別に指導や助言を行っていた。ここでは，教師は子どもたちに，問題（問題②など）を解いたノートを教卓までもって来させて，そこで指導や助言をするというスタイルをとっていた。

表5に示すとおり，個別学習の時間（机間を無言で巡回するなど，子どもとの直接的な相互作用がない時間を含む）は845秒（14分5秒）であった。そのうち470秒は，教師が子どもに対して個別による直接の指導をおこなっていた。

少人数授業の具体的な授業例　41

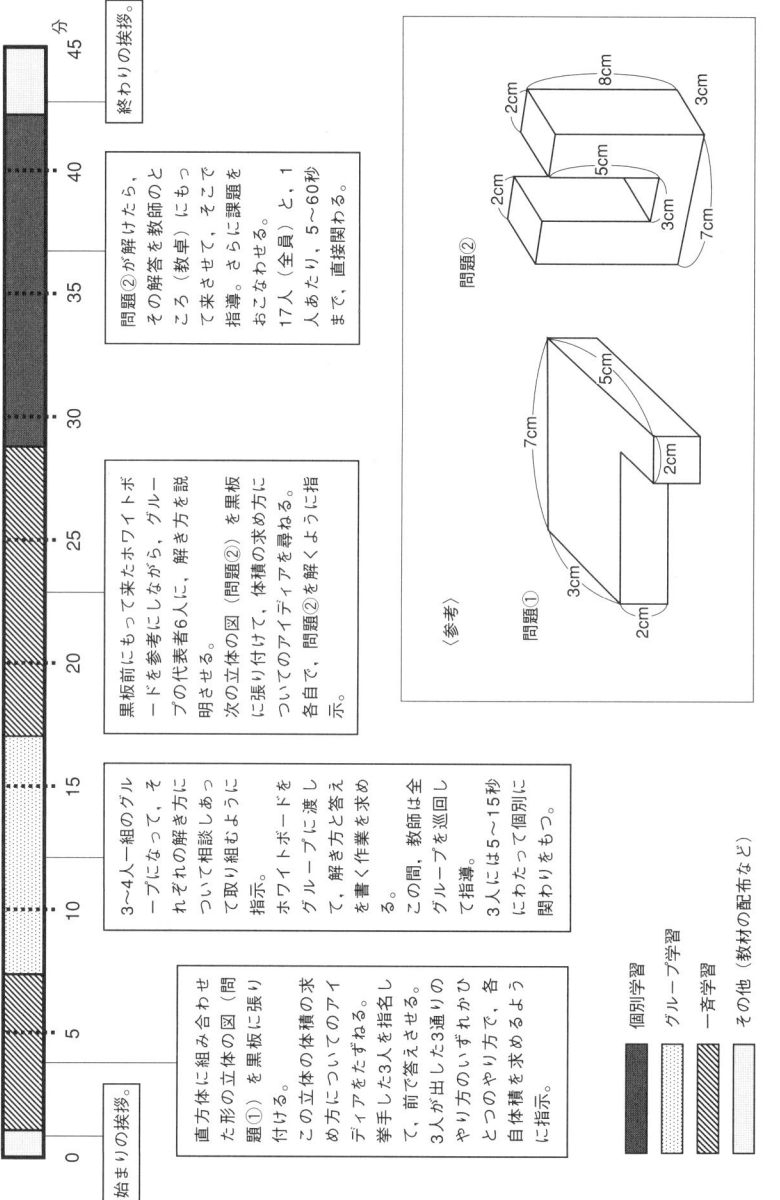

〈参考〉

問題①

問題②

始まりの挨拶。

直方体に組み合わせた形の立体の図（問題①）を黒板に張り付ける。
この立体の体積の求め方についてのアイディアをたずねる。挙手した3人を指名して、前で答えさせる。
3人が出した3通りのやり方のいずれかひとつのやり方で、各自体積を求めるように指示。

3〜4人組のグループになって、それぞれの解き方について相談しあって取り組むように指示。
ホワイトボードをグループに渡して、解き方と答えを書く作業を求める。この間、教師は全グループを巡回して指導。
3人には5〜15秒にわたって個別に関わりをもつ。

黒板前にもって来たホワイトボードを参考にしながら、グループの代表者6人に、解き方を説明させる。
次の立体の図（問題②）を黒板に張り付けて、体積の求め方についてのアイディアを尋ねる。各自で、問題②を解くように指示。

問題②が解けたら、その解答を教師のところ（教卓）にもって来させて、そこで指導。さらに課題をおこなわせる。
17人（全員）と、1人あたり、5〜60秒まで、直接関わる。

終わりの挨拶。

■ 個別学習
▦ グループ学習
▨ 一斉学習
□ その他（教材の配布など）

図10　授業番号31（G教師）の流れ

表5 授業番号31の個別学習時に，教師が子ども1人と相互作用するのにどれだけの時間を費やしたか？

	①全時間	②実際に教師が子どもと相互作用した時間の合計	③教師との相互作用のあった子どもの人数	④ ①の1人当たりの時間（=①／③）	⑤ ②の1人当たりの時間（=②／③）
合計	845秒	470秒	17人	49.7秒	27.8秒

　結果的には，49.7秒の間で，1人の子どもに平均27.6秒関わるという時間の使い方となっていた。これは，個別学習の形態を60秒とったときに，教師による子どもへの直接的な関わりのある指導時間が，33.4秒であったことに相当する。

調査結果からの考察──少人数授業における指針として──

　本章の「はじめに」で，少人数授業に関して理解を深める必要のある三つの課題を示した。それらは，次のとおりであった。

①少人数授業のもとで，どのくらいの割合の子どもがどれだけの時間にわたり，教師と実際に関わることができるか。
②学力の異なる子どもによって，教師と子どもの相互作用にどういった特徴が見られるだろうか。
③少人数授業の環境をさらに生かし，個に応じた教育的関わりをおこなうための一層の工夫すべき点や留意点はないだろうか。

　これらについて解明するために，筆者は上述した平均15人規模の小学校6年生算数授業の調査をおこなった。以下では調査結果に基づき，先の三つの課題をふまえた考察をおこないたい。

(1) 15人規模の少人数授業における教師と個々の子どもとの関わり

　調査対象となった15人規模のクラスサイズの授業は，個々の子どもと教師

との関わりのあり方の点から，大きく2タイプに分けられた。それはグループ学習の時間が15分以上設けられている授業と，それ未満の授業であった。後者の授業では個別学習の形態がとられた時間帯に，全体の90％以上の子どもが，教師から個別の指導的関わりを受け，前者の授業ではグループ学習時に，グループ単位での教師からの関わりを，90％以上の子どもが受けていた。こうしたことより，少なくとも15人規模の少人数授業のもとでは，ほとんどすべての子どもたちが，教師と対面的な相互作用をおこなえることが明らかになったといえるだろう。

(2) 学力の異なる子ども別にみた教師との関わりの傾向

　個別学習の授業形態のときには，クラス内の多くの子どもが，教師と個別に指導的な関わりをもつ機会を得ていた。そして，さらに今回の調査で明らかになったことは，個別学習の際に，学力の低い子どもへの関わりがおこなわれやすいということであった。このことは，図6によりはっきりと示されているが，全く指導や助言を受けなかった子どもが，算数学力上位群，中位群では29.1％，27.5％である一方で，下位群では10.1％にとどまっている。

　一方，一斉学習のもとで，今回の調査対象の授業の平均的な時間配分のように，17分程度の導入時間で，5人以上の子どもとの直接的な関わりが可能であることが示された（表3参照）。ただし，ここで教師との関わりをもった子どもは，主にクラス全体を対象とした発表の機会のもとで，教師との関わりをもつかたちとなっていた。つまり，一斉学習という授業の流れに依存した関わりの機会であったということになる。そして，こうした理由のために，一斉学習の形態では，学力差に基づく指導的関わりについては，量的に顕著な違いはみられなかった。一斉学習の形態のときには，教師は多くの子どもを指名することで，個々の子どもと関わる機会を増やすことはできるが，低学力の子どもが求める学習上のつまずきの支援をおこなうかたちをとることまでは難しいといえる。少人数授業であっても，低学力の子どもに対する教師による教育的支援は，個別学習時においてこそおこなえることが示されたわけである。

(3) 少人数授業で個に応じた教育的関わりをおこなうための工夫

　最後に，少人数授業の学習環境を，さらに個に応じた指導や助言に生かすための留意点として，次の4点を挙げることにしたい。

　1つ目は，個別学習の機会の積極的な導入である。15人規模のクラスサイズで，個別学習の時間を，今回調査対象とした算数授業の平均的な時間配分のように17分程度導入するだけでも，机間指導などを通じて個に応じた指導の時間として活用しさえすれば，全体の90％程度の子どもたちとの直接的な関わりが可能である。杉江（2003）は，少人数授業であれば，解説の時間が比較的少なくてすみ，一斉学習形式による全体のまとめを省略することも可能であることを指摘している。少人数のクラスサイズのもとで，多人数の授業で常識のようになっている授業観からの脱却を図ることができれば，個別学習の時間を一層有効に増やすことにつながるものと期待できる。

　2つ目は，一斉学習と個別学習では，教師と個々の子どもたちとの関わりの効果については質的な違いがあるため，この点を留意しつつ個別の関わりをもつことが必要だということである。クラスが少人数になれば，一斉学習の形態でも個別学習の形態でも，自覚的に子どもと関わる機会を設けることにより，自ずとクラス内の多くの子どもと関わることができるようになる。しかし，先述のとおり，一斉学習の形態の下では，教師と子どもたちとの個別の関わりは，あくまで一斉学習という授業の流れに依存した関わりになる。そのため，教師との関わりが，発表力をつけるためのきっかけとして機能するという長所はあるが，低学力の子どもの学習支援には至らない。一方，個別学習の時間においては，教師との関わりが，発表力を育むような機会とは結びつかないが，教育的支援を特に必要とする子どもへの，重点的な指導の機会として機能するといえるのである。

　3つ目は，些細なことであっても，個々の子どもへの関わりを高めるための物理的な工夫を図ることが，授業時間を効率的に使うのに役に立つということである。たとえば，個別学習において，個々の子どもへの教育支援のために，机間指導がおこなわれることが多いが，教師が子どもたちとの間を移動する時間は意外と費やされているものである。授業番号4の表4において，個別学習時の500秒に占める，児童との直接的な相互作用の時間が，145秒であること

からも理解できるだろう。おそらく教師が個別に直接的な指導がおこないやすいように机の配置を工夫することなどは，短時間で効率的に多くの子どもと関わることにもつながるだろう。具体的には，黒板に全ての机を対面させるよりも，O字形あるいはU字型に机を配置することによって，教師にとって机間の移動がきわめて容易になることが期待できる。なお，少人数授業における机の配置については，後藤ら（2003）が詳しい。また，復習の課題など，低学力の子どものつまづきの懸念が少ない課題であれば，先に紹介した授業番号31のように，教師が教卓に待機して，子どもたちに解いた課題をもって来させるような手段をとるのもよい。こうした工夫が，教師の机間の移動という「空白の」時間を相当減らすことにつながるといえる。

　4つ目として，グループ学習の形態における，教師の個別での関わりをおこなう際の工夫について挙げておきたい。グループ学習は，子どもたち同士の学び合いを重視する授業形態であるため，教師の過度な干渉は，むしろ子どもたちの学び合いを抑制しうる。ただ，学力水準の低い子どもの教育的支援として，教師が適宜関わることの意義ならびに必要性はあると考えられる。今回調査対象となった授業では，個別学習とグループ学習を同時に併用する方法を取り入れた授業も見られた。こうした形態を指導内容との組み合わせでうまく取り入れれば，グループ学習による子どもたち同士の学び合いを促進しながら，必要に応じて，教師が特定の子どもに指導的に関わることも容易になるだろう。

　まとめると，15人前後のクラスサイズの少人数授業においては，少なくとも標準的な授業であっても，概ね個に応じた指導を有効におこなえることが実証されたといえる。しかしながら，教師においては少人数の環境にただ身を委ねるだけでなく，授業形態や，机の配置などの物理的環境を工夫することが求められる。個々の子どもへの指導の充実のために，少人数環境をよりよく活用していく方法について考えていく意義は大きい。

西口利文（中部大学　人文学部）

【文献】

Glass, G. V., Cahen, L. S., Smith, M. L. & Filby, N. N.　1982　*School Class Size : Research and Policy.* Beverly Hills, CA : Sage.

後藤正行・小川俊典・武内恵味・仲律子　2003　望ましい少人数授業の教室環境−学習活動に合わせた机配置と理想の専用教室像−　杉江修治編　子どもの学びを育てる少人数授業−犬山市の提案−　明治図書

加藤幸次　2001　「学級集団」規模の教育効果　加藤幸次編　タイプ別学習集団の効果的な編成　少人数指導，学級編成弾力化の手引き　ぎょうせい

西口利文　2003　少人数授業の学習指導過程の特徴　杉江修治編　子どもの学びを育てる少人数授業−犬山市の提案−　明治図書

杉江修治　1996　学級規模と教育効果　中京大学教養論叢，**37**（1），147-190.

杉江修治　2003　少人数授業の理解と進め方　杉江修治編　子どもの学びを育てる少人数授業−犬山市の提案−　明治図書

3

発展的な学習の指導法
―小学校算数の場合―

はじめに

　現行の学習指導要領のねらいである「確かな学力」の育成を実現するために，子ども一人ひとりに応じた指導の充実が求められている。とりわけ，ここ2, 3年は，その結果としての学力向上を目指した実践が求められてきた。

　その方法の一つに発展的な学習がある。本章では，この発展的な学習が展開されるようになった経緯を概観したうえで，これまで紹介されることの少なかった発展的な学習の指導法とその成果について，大阪府堺市浜寺小学校の算数の実践に焦点を当てて述べたい。

発展的な学習の背景

　現行の小学校学習指導要領（中学校学習指導要領についても以下に述べることは同様）は平成10年の告示後，移行措置を経て平成14年度から完全実施された。その後，中央教育審議会答申を踏まえ，「確かな学力」を育成し「生きる力」をはぐくむという新学習指導要領のねらいの一層の実現を図るために，平成15年12月26日付けで学習指導要領等の一部が改正された。

　その改正点の一つは「学習指導要領の基準性を踏まえた指導の一層の充実」であり，総則の「内容等の取扱いに関する共通的事項」に次のように述べられている（下線部が改正によって新しく加えられた部分）。

1. 第2章以下に示す各教科，道徳及び特別活動の内容に関する事項は，特に示す場合を除き，いずれの学校においても取り扱わなければならない。
2. 学校において特に必要がある場合には，第2章以下に示していない内容を加えて指導することができる。<u>また，第2章以下に示す内容の取扱いのうち内容の範囲や程度等を示す事項は，すべての児童に対して指導するものとする内容の範囲や程度等を示したものであり，学校において特に必要がある場合には，この事項にかかわらず指導することができる。ただし，これらの場合には</u>，第2章以下に示す各教科，道徳，特別活動及び各学年の目標や内容の趣旨を逸脱したり，児童の負担過重となったりすることのないようにしなければならない。

これは，学習指導要領の最低基準としての性格を示すものとされ，従前の学習指導要領でも同様に示されていた。しかし，この一部改訂によって，学習指導要領に示しているすべての子どもに指導する内容等を確実に指導した上で，子どもの実態を踏まえ，各学校の判断で学習指導要領に示していない内容を加えて指導できることが一層明確になった。

また，もう一つの改正点は「個に応じた指導の一層の充実」であり，総則の「指導計画の作成等に当たって配慮すべき事項」には次のように述べられている（下線部が改正によって新しく加えられた部分）。

2. 以上のほか，次の事項に配慮するものとする。
(5) 各教科等の指導に当たっては，児童が学習内容を確実に身に付けることができるよう，学校や児童の実態に応じ，個別指導やグループ別指導，繰り返し指導，<u>学習内容の習熟の程度に応じた指導，児童の興味・関心等に応じた課題学習，補充的な学習や発展的な学習などの学習活動を取り入れた指導</u>，教師の協力的な指導など指導方法や指導体制を工夫改善し，個に応じた指導の充実を図ること。

ここで「発展的な学習」が新しく加えられたことによって，上述した学習指

導要領に示していない内容を加えた指導がより明確に求められることになったのである。

発展的な学習の内容

　前述したような背景で発展的な学習が公式に展開されることになったが，そこでは学習指導要領やそれに準拠したこれまでの教科書に示されていない内容を含むことから，具体的な指導事例を開発することが急務となった。このことについて文部科学省では，学習指導要領一部改訂の前年に，従来から子どもの学習達成の差が大きいとされ，個に応じた指導に取り組まれることが圧倒的に多い算数・数学科の指導資料を作成している（文部科学省2002a，b）。その後，算数・数学についての指導事例が数多く公表されてきた（例えば，東京都算数教育研究会，2003）。そこに示された事例は，下に示すように，学習の発展のさせ方によっていくつかに分類されることが多い。

◎文部科学省指導資料（小学校算数）の場合
　　基礎・基本の上に新たなものを作り上げる学習
　　基礎・基本を活用して問題を解決する学習

◎文部科学省指導資料（中学校数学）の場合
　　中学校で学ぶ数学の内容をさらに広げる発展的な学習
　　中学校で学んだ数学の内容をさらに深める発展的な学習
　　中学校で学んだ数学の内容をさらに進める発展的な学習

◎伊藤（2002）の場合
　　基礎基本の確実な定着を図るための発展的な教材
　　既習事項のより深い理解を目指す発展的な教材
　　学ぶ楽しさを味わい，算数の能力を高めるための発展的な教材

　これらに共通することは，基礎・基本や既習事項をもとにした発展の方向に

よって学習を分類している点である。つまり，学習指導要領に示されている「目標や内容の趣旨を逸脱したり，児童の負担過重となったりすることのないように」するためには，基礎・基本の内容からどのように発展させるかを考えることが重要なのである。

さらに，発展的な学習の内容は，図1のように平成17年度から使用される教科書にも記述されることになった。

発展的な学習の指導法

発展的な学習の指導に当たって，基礎・基本の指導とは違うどのような点に留意しなければならないのであろうか。このことについて，文部科学省（2002a）の指導資料（小学校算数編）のp.20では「発展的な学習の指導の進め方」として，次のような点を挙げている。

・子ども自身が自ら工夫したり，発展させたりしていけるような教材を選択したり，学習場面を用意したりする指導の工夫
・子どもが自ら取り組んでみたいと思えるような，知的なおもしろさが感じられる指導の工夫
・子どもが算数を学ぶ楽しさと充実感を味わえるようにする指導の工夫
・発展的な学習によって基礎・基本を学び直したり，より確実に身に付けたりできるような指導方法や教材選択の工夫

これらは発展的な学習にとって重要である点には違いないが，「指導の進め方」としては一般的過ぎていかにも具体性に欠ける。

この点，中学校数学編（文部科学省，2002b）のp.24では，発展的な学習の具体的な指導法の一つとして，「発展の『きっかけ』を明らかにした計画」を挙げ次のように述べている。

「個に応じた指導」において発展の「きっかけ」をどう設定するか，これをどのように生かすかというのは，極めて重要な視点であると考える。より質

発展的な学習の指導法　51

>>>>> とりくんでみよう <<<<<

昔の人は数をどのように表していたのかな。

下の絵は，今からおよそ5000年前の古代エジプトで使われていた数字です。

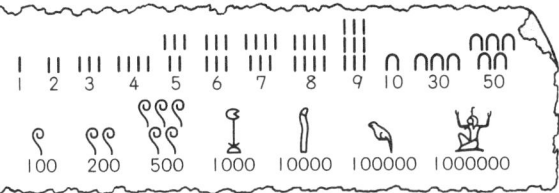

```
 |  ||  |||  ||||  |||  |||  ||||  ||||   ∩   ∩∩∩   ∩∩
 1   2   3    4    |||  |||  |||   ||||   10   30    50
                    5    6    7     8
  ୧   ୧୧   ୧୧୧    ♀    |    ⌐    𓀀
 100  200  500   1000  10000 100000 1000000
```

古代エジプトでは，23057を右のように表していました。

(1) 次の古代エジプトの数字で表された数を，今使われている数字で表しましょう。

　　① ୧୧୧ ∩∩ ||||　　② ⌐ ♀♀ ୧୧ ∩∩ ||||

(2) 次の数を古代エジプトの数字で表しましょう。

　　① 124521　　② 40357

(3) 古代エジプトで使われていた数とわたしたちが使っている数の表し方をくらべて，わかったことをかきましょう。

図1　教科書に記載された発展的な学習の例（中原ら，2005, p.13）

の高い発展的な学習を実現するために，例えば「思い違いを学習に生かした指導」などといった主題は，繰り返し追究されてきたことであるが，これからも大切にしたい。

そして，学習の発展のきっかけにはどのようなものがあるかを，表1のような一覧表にして示している。

表1では，基礎・基本の学習成果を生かして，どのように学習を発展させるかが具体的に示されている。特に，表の右側に示されている「きっかけ」の趣旨を明らかにするために示された教師の対応例は，発展的な学習の実践に活用することができる。

浜寺小学校の発展的な学習「算数ワールド」

これまで述べてきたように，発展的な学習の内容はかなり開発され指導事例として示されてきた。しかし，その具体的な指導法に言及した実践はそれほど多く紹介されていない。これまで多く蓄積されてきた基礎・基本の指導法とどこが違うのかを明らかにしていく必要がある。

そこで，大阪府堺市の浜寺小学校[注1]で実践された算数の発展的な学習「算数ワールド」を具体例として，その指導法に焦点を当てて取り上げる[注2]。「算数ワールド」は，教科書では第6学年の3学期に設定されている「6年のまとめ」を，2学期から長期にわたって計画的に指導するもので，その目標は次のとおりである。

・算数で問題解決することの楽しさを味わう。

(注1) 大阪府「小人数指導に関する実践研究事業」文部科学省「学力向上フロンティア事業」指定校。校区と連携して，校庭の芝生化や三光川クリーン作戦，商店街のフラワーロード作戦，コンブの養殖等特色ある教育活動を展開し「地域協働楽校（がっこう）」を目指している。児童数515名，教職員数31名（いずれも平成16年度）〒592-8349堺市西区浜寺諏訪森町東2丁163

(注2) 「算数ワールド」の実践については，堺市立浜寺小学校（2003，2004），野津・古賀（2003），堺市初等教育研究会（2003），野津（2003）の資料を参考にした。

表1　学習を発展的に展開するための「きっかけ」の一覧表 (文部科学省, 2002b)

1　解決過程，解決結果に，明らかな問題点がある場合

つまずきや誤りから生徒が何を根拠にどう考えたのかを知る。

- ☐ 根拠（どうして）や意図（なぜ）の確認　　何を（どこを）もとにしたの？　それはなぜ？
- ☐ 表現の確認と変更　　何を用いて表したの？　他の表し方はない？
　　　　　　　　　　　（具体物，図・式・表・グラフ，コンピュータなど）
- ☐ 操作や処理の手順の確認　　どのような順序で考えたの？
- ☐ 相違の確認　　他の人の考えとの違いは何？
- ☐ 誤りやつまずきの確認　　困ったところ，足りないところ，わからないところは？
- ☐ 共感的な理解　　他の人は○さんがどうしてそう考えたのかわかった？
- ☐ 反例の確認　　○さんの考えが正しいとして同じように考えると…。
- ☐ 肯定的な評価　　そのように考えたら，確かにそうだ。○さんの考えがあったから△さんの考えのよさ（不備）もわかったね。

2　大筋で妥当な解決がはかられた場合

解決活動を改めて振り返り，別な解決方法を考える。

- ☐ 解決活動の振り返り　　次に同じ問題が出たら簡単にできる？
　　　　　　　　　　　何がわかった。そこから何か言えない？
- ☐ 解決のアイデアの検討　　どうしてそう表したの？　何に着目したの？
- ☐ 解答の妥当性の確認　　その答えでほんとうにいいの？
　　　　　　　　　　　別の方法や表し方でも，同じ答えは得られない？
- ☐ 特殊と一般の検討　　その結果，何がわかったの？　一般化できない？
　　　　　　　　　　　問題を換えたら，考え方は変わる？　変わらない？
　　　　　　　　　　　同じように解ける問題を作ってごらん。
　　　　　　　　　　　他の場合（仮定）でも，おなじ結論になる？

3　学習成果をより確かにする場合

結果が得られてからの学習を大切にする。

- ☐ 学んだことのよさを確認　　解決できたのは，なにを学んでいたからか？
- ☐ 他の考えとの比較　　友達の考えのよさは何か？　次に使ってみたい考えは？
- ☐ 学習内容の確認　　どこまでわかって，何がわからない？
- ☐ 学習内容の成立範囲の確認　　どんなとき，この答えが，成り立たなくなるか？
　　　　　　　　　　　条件を変えると，結果はどう変わるか？
　　　　　　　　　　　結論を変えるには，条件をどう変えるか？
- ☐ 技能の習熟　　パッとできないと困るのは何かな？

・今までに算数の学習で獲得した知識・技能・考え方を総合的に活用する。
・算数の問題解決における思考の過程を筋道立てて表現する。

　これらの目標から分かるように，この実践は特定の知識や技能の獲得を目指したものではない。評価との関連でいえば，算数に対する関心・意欲・態度と数学的な考え方の観点で指導が展開されたのである。

(1) 発展的な学習の指導法①：問題作成とワークシートの工夫
　この実践で使用された問題は，教科書の発展問題程度を基準に様々な資料を参考にして作成されたが，その際の観点は次のような点であった。

・子どもの関心・意欲が喚起できるような問題
・式と答えだけでなく，思考の過程が表せるような問題
・問題解決に試行錯誤を要し，多様な考えを活用できる問題

　そして，図2のようにB4の紙1枚に1問を印刷してワークシートとし，

図2　発展的な学習ワークシート

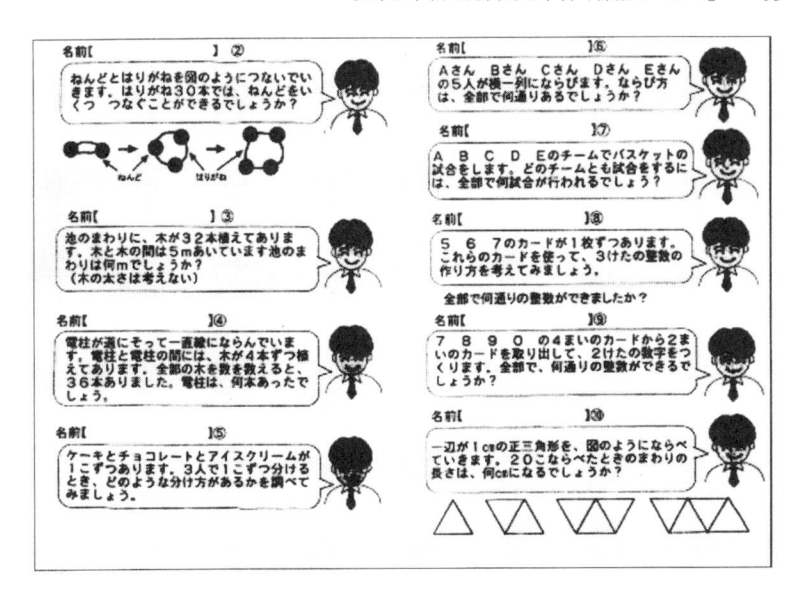

図3　ワークシートに印刷した問題例（その1）

個々の子どもたちが多様な考えを書くことができるスペースを設けた。足りなければ更に白紙の紙を利用させた（式，計算，答えだけでなく，絵や図，表，文章等も自由にかけるようにした）。なお，ワークシートに印刷した問題の例は，図3から5に示す。

(2) **発展的な学習の指導法②：問題解決力育成のための長期的な指導計画**

「算数ワールド」の指導目標は，総括的に述べれば問題解決力の育成である。そのために，実践期間を9月から翌年2月の6か月間という長期間を設定し，それを3期に分けて表2のような指導計画を設定し実践している。

(3) **発展的な学習の指導法③：個に応じた指導のための学級分割**

発展的な学習に学級全体で取り組む場合，基礎・基本の内容以上に子どもの個人差が大きくなる可能性がある。そこで，個に応じた指導を図るため，TT（ティーム・ティーチング），学級内2分割，3分割等の，複数教員による指導がおこなわれた。分割に際しては，問題の解決方法による次のようなコースが

56　3　発展的な学習の指導法―小学校算数の場合―

名前【　　　　　】⑪
りんご、みかん、なし、バナナ、パイナップルが1こずつあります。この中から3こ選んで、くだものかごに入れます。全部で、何通りの組み合わせが考えられるでしょう。

名前【　　　　　】⑫
下のように、正方形の紙をならべていきます。10番目では正方形の紙が何まいいるでしょう。また20番目では、何まいいるでしょう。

1番目　2番目　3番目　4番目

名前【　　　　　】⑬
てんびんで重さをはかろうと思います。下の4種類の分銅（おもり）があるとき、何gの重さのものがはかれるでしょうか。

1g　2g　4g　8g

名前【　　　　　】⑭
パーティーでコースターがたくさんいります。たてが22cm、横が26cmの布から、たてが7cm、横が8cmのコースターをできるだけたくさんとりたいと思います。
何まいとれるでしょうか？

名前【　　　　　】⑮
下の図のように、2こずつ つないだくさりがあります。これを全部つないで長いくさりにしたいです。くさりを1か所切るのに20円、切ったくさりをつなぐのに30円かかります。
いくらで長いくさりができるでしょう。

名前【　　　　　】⑯
木のしげみの中に、つるとカメが合わせて7ひきかくれています。
つるとカメの足の数をたすと全部で22本あります。しげみの中にいるつるとカメは何びきでしょう。

名前【　　　　　】⑰
ある酒屋では、大きな酒だるからマスで酒の量をはかって売っていました。
ただし、マスは9リットルマスと5リットルマスしかありませんでした。
ある日客がやって来て「酒を6リットルくれ！」といいました。
酒屋の主人はどうやって6リットルをはかったでしょう。
（ただし、酒は酒だるにもどすことはできる。）

酒だる　9リットルマス　5リットルマス

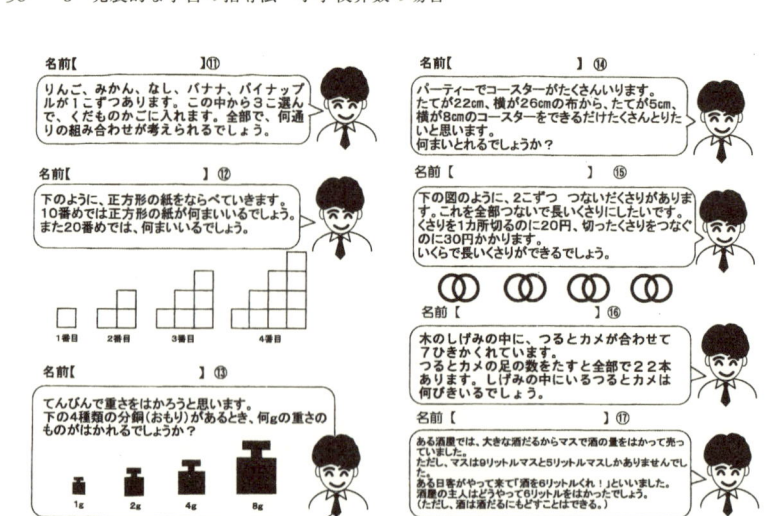

図4　ワークシートに印刷した問題例（その2）

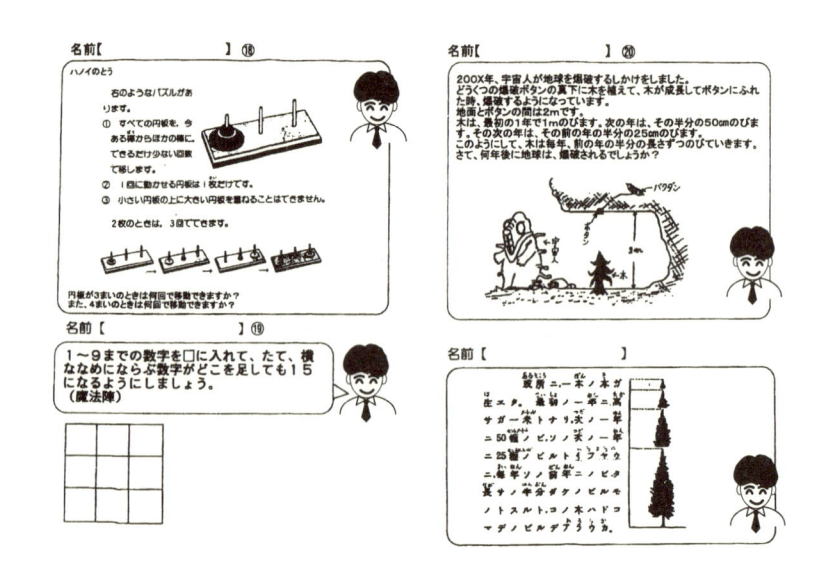

名前【　　　　　】⑱
ハノイのとう
右のようなパズルがあります。
① すべての円板を、今ある棒からほかの棒にできるだけ少ない回数で移します。
② 1回に動かせる円板は1枚だけです。
③ 小さい円板の上に大きい円板を重ねることはできません。
2枚のときは、3回でできます。

円板が3まいのときは何回で移動できますか？
また、4まいのときは何回で移動できますか？

名前【　　　　　】⑲
1～9までの数字を□に入れて、たて、横ななめにならぶ数字がどこを足しても15になるようにしましょう。
（魔法陣）

名前【　　　　　】⑳
200X年、宇宙人が地球を爆破するしかけをしました。どうくつの感雷ボタンの真下に木を植えて、木が成長してボタンにふれた時、爆破するようになっています。
地面とボタンの間は2mです。
木は、最初の1年で1mのびます。次の年は、その半分の50cmのびます。その次の年は、その前の年の半分の25cmのびます。
このようにして、木は毎年、前の年の半分の長さずつのびていきます。
さて、何年後に地球は、爆破されるでしょうか？

名前【　　　　　】
（縦書き詩）

図5　ワークシートに印刷した問題例（その3）

表2　問題解決力育成のための指導計画

	各期における指導者のねらい	指導の流れ	評価の観点
第一期	1．思考したことを絵や図，表，文章にして表現する ・簡単な場合に置き換えて思考する ・式と答えを書くだけの算数から脱皮する 『問題を解決したことが絵，図，表，文章で書ける』	○オリエンテーション ・ルールの確認 ・算数という教科の再認識 ○問題の提示 ・絵や図，表，文章に表せるような問題を提示する ○個に応じた指導 ・対話を通して個別に指導する ・具体物を用意する ・実験，活動も支援する ○ファイリング ・試行錯誤した問題をファイルしていく	・思考しているか ・自分の考え方を絵や図，表，文章で書き表すことができているか
第二期	2．思考の過程を筋道立てて表現する ・筋道立てて思考する 『問題を解決し自分の考えを順序よく書ける』	○個に応じた指導 ・第一期のねらいを達成できていない子どもに応じた支援をする ・進度や深度に応じて支援する ○問題の提示 ・それぞれの個人差や関心・意欲に応じた問題を提示する ○ファイリング ・解決した問題をファイルし整理していく	・自分の考えた順序に従って書けているか ・思考の過程がより分かりやすくなるように工夫し表現しているか
第三期	3．思考の過程を人に分かるように表現する ・論理的に表現する ・解決した問題を額に飾れるぐらいきれいに描き，作品に仕上げる ・友だちに問題を解説できるようにする（プレゼンテーション） 『解決した問題を友だちに分かるように書ける』	○個に応じた指導 ・第一期，第二期のねらいを達成できていない子どもに応じた支援をする ○表現方法 ・算額の歴史の話 ・コンピュータ等によるプレゼンテーションの方法 ・論文にまとめる ・紙芝居，ビデオ等での方法	・自分の考え方を分かりやすく伝えようとしているか ・より分かりやすく伝えるための工夫をし，表現しているか

設けられた。
　学習集団A：絵や図，表によって問題解決を図るコース
　学習集団B：問題解決の思考過程を筋道立てて表現し解決するコース
　学習集団C：問題解決の思考の過程を相手に分かるように表現するコース
　このような学級分割の展開は，たとえば表3のようになる。

⑷　発展的な学習の指導法④：学習のルールとして示された問題解決ストラテジー
　「算数ワールド」を学習していく際のルールを子どもたちと考え，次のような7つの項目が設定された。

　①ゆっくり，じっくり，楽しみながら考えること。速くできることがよいとはかぎりません。
　②消しゴムを使わないこと。間違いも宝物だから残しておこう。
　③解決の途中，先生にどしどし質問に来ること。先生との会話の中で，よい考えが浮かんでくることもあります。
　④絵や表，図，文章などをどんどん使って考えよう。よい手助けとなるときがあります。
　⑤いろいろな解決をしてみよう。解決の方法は一つとは限りません。
　⑥自分の解決した方法を，友だちや先生にも分かるように書いていこう。
　⑦時間はたっぷりあります。授業中だけでなく，休み時間や家でもじっくり考えてみよう。ぱっとひらめくことがあります。

　これらは，数学的問題解決の際に有効なストラテジーを示したものである。もちろん，これらのストラテジーが有効になるのは，何も発展的な学習に限ったことではない。しかし，この実践で設定されたような問題の解決は，単純なルーチンワークで解決できることが少なく，ここに示されたようなストラテジーを用いることが特に有効になってくる。それらを具体的な子どもの活動で表現し，子どもたちとの学習のルールとして設定したことは，この実践の指導法として特筆すべきことである。

表3　学級分割の指導展開例

学習活動と子どもの意識	評価（●）と指導（○）
1. 前時の学習を振り返る。 ・前時の学習の内容と活動を確認する。 「この前は，図や表を使って解決できたな」 「この前は，自分一人で考えて解決できたな」 「この前は，友だちと問題を出し合ったな」 2. 問題をつかみ，計画を立てる。 ・学習集団の選択をする。 「ヒントをもらいながら問題を考えてみよう！」 「じっくり自分で問題を考えてまとめてみよう！」 「考えた問題を誰かに伝えよう！」 3. 自分なりの解決を行う。 ・それぞれの学習集団に分かれて学習する。 ○学習集団A 「問題のヒントがあれば解決できそうだ」 「先生にヒントをもらおう」 「絵や図や表に表わして考えてみよう」 「やったー！　問題が解けた」 ○学習集団B 「簡単な場合に置き換えて考えてみよう」 「図や表にまとめてみよう」 「解決の見通しができた」 「やったー！　順序よく書けた」 ○学習集団C 「自分の解決方法をわかりやすくまとめよう」 「最初，下書きを書いてみよう」 「算額にまとめよう」 「やったー！　分かりやすく書けた」 「自分の考えたことをパソコンを使って分かりやすく説明しよう」 「やったー！　うまくできた。友だちに見てもらおう！」 4. 本時の学習を振り返る。 ・それぞれの学習活動を振り返る。 「自分のペースで学習できた」 「自分で考えたことがうまく書けた」 「算額ができたので見て欲しい」 「パソコンで問題の解説ができるので，ぜひ見てほしい」	○前時までの学習活動を思い出せるよう支援する。 【関心・意欲・態度】 ●自分に合った学習を選択しようとしたか。 ○学習集団の選択に迷っているときは，前時の課題を思い出すような言葉がけをする。 【数学的な考え方】 ●それぞれの思考・表現に向けて活動できているか。 ・問題を解決したことが絵や図，表や文章で書けているか。 ・筋道立てて自分の考えが書けているか。 ・友だちに分かるように表現しているか。 ○学習集団A ・解決の見通しがもてない子には，絵や図や表に表わす方法や，簡単な場合に直して考える方法があることを知らせる。 ・思考が進まないときは，具体的操作ができるよう具体物を提示する。 ・思考が進むよう，見通しを聞きながら，考えを整理するよう言葉がけする。 ○学習集団B ・多様な解決方法を見つけるよう言葉がけする。 ・理解が深まるよう類題を提示する。 ・自力解決できるよう支援する。 ○学習集団C ・表現方法が思い浮かばない子には，例を提示する。 ・算額の歴史の話。 ・問題作りの方法。 ・ビデオ，コンピュータでのプレゼンテーションの方法。 ・表現を楽しめるよう，友だちと交流するよう言葉がけする。 ○「選択したグループでの学習が自分に合っていましたか。満足できましたか」 ○自分の次の課題を見つけられるよう支援する。

(5) 発展的な学習の指導法⑤：支援・評価としての「赤ペン対話」

子どもたちが「算数ワールド」の問題の解決過程を記述したワークシートには、図6のように、指導者が赤ペンを入れている。そして、その内容によって子どもとの対話を図るという意図から「赤ペン対話」とよんでいる。

このような「赤ペン対話」は、子どもの問題解決に対する支援と評価の機能をもち、子どもの次の学習への意欲づけに大きな役割を果たしている。そして、浜寺小学校では、どのような「赤ペン対話」が有効かについて、子どもの問題解決の様子によって表4のような分類整理を試みている。

図6 赤ペン対話の例（ ◯ の部分が赤ペン）

表4　赤ペンの対話の例

文末はだいたい「…のがエライ！」「…のがスゴイ！」「…のが素晴らしい！」「…のがわかりやすい！」「…のがカッコイイ！」など
さらにいいのは
「…のがえらすぎる！」「…のがすごすぎる！」「…のが素晴らしすぎる！」「…のがかっこよすぎる！」など

1. きれいに表現ができている子へ
・ぱっと見ただけで，分かるぐらいに書けています。
・カラフルに色を使っているから，見やすいです。
・この絵はうますぎる！

2. 多様に書いている子へ
・解き方をたくさん書いているのがスゴイ！
・一つの方法だけでなく何個も書いているのがエライ！

3. 式だけ書いている子へ
・この問題を式に表わして考えたのがすごい！
・この式の意味を言葉（文章）で説明してみよう。

4. 文章を書いている子へ
・その①，その②という説明のしかたが分かりやすいです。
・「まず」や「そして」「このように」というふうに順番に説明しているのが分かりやすいです。
・説明を示したのがエライ！

5. 絵や図や表を書いている子へ
・根性で最後まで全部かいたのがすごい！
・この他に，数えまちがえないような方法はあるかなあ？
・表をかいて考えたのが分かりやすいです。
・図を式にしたのがエライ！

6. 数学的な考え方をほめる場合
・「おち」や「かさなり」がないようにチェックして考えているのが分かりやすいです。
・どの辺できまりがあると分かりましたか？
・アンパンマンを⑦としているから速く考えられるね。
・ここまで根性で書いたのはエライ！　もっと簡単に書く方法も分かる？

7. その他
・「ぜったい」と自信がもてているのは，こつこつと考えたからだと思います。
・間違いに気づいたのがさすがです。
・この間違いは，宝物です。
・気持ちが変化しているのがエライです。
・他にも考え方がありますか？
・「ああでもない」「こうでもない」と考えているのがエライ！

算数・数学の学習においては，子どもが自分の思考を記述することの重要性とそれに対する赤ペンなどの教師の指導の有効性が検証され，多くの学校で実践されている[注3]。ここに挙げた分類整理も個に応じた指導の方法の一つとして，「どんな子どもにどんな赤ペン対話が有効か」の検証になるはずである。

また，子どもの記述に対して，適切かつ有効な赤ペンを書くことはそう簡単なことではない。ましてや，子どもの数が多くなれば教師の負担は増大する。もちろん，問題の内容と子どもの解決過程に対する教師の理解が最も重要で，ここに挙げたパターンに当てはめて赤ペンを書けばよいというものではないが，経験年数の浅い教師やこのような指導法で実践し始めた教師にとっては，ここに挙げたような赤ペンの分類整理は指導の際の有効な手引きとなろう。

発展的な学習の成果

ここ数年，教育の改革もその成果を厳しく問われるようになってきた。「算数ワールド」の実践をおこなった浜寺小学校は，学力向上フロンティアスクールの指定を受けていたこともあり，その成果を量的・質的両側面から明確にしている。

まず，量的にはペーパーテストの正解率の向上が示された。数学検定を参考にした数理技能に関する同一問題の正解率において，「算数ワールド」を実践した第6学年の正解率は，この実践をしなかった前年度の第6学年に比較して有意に高いことが報告されている。

しかし，前述したようにこの実践の目的が問題解決力の育成であることから考えると，より重要なのは子どもの質的な変化である。このことに関して，ワークシートの分析によって図7のような子どもの表現が新たに見られるようになったことが挙げられている。

[注3] 例えば，筆者らは「算数作文」の実践とその検証を行った（重松・勝美・勝井・生駒，2002）

発展的な学習の成果　63

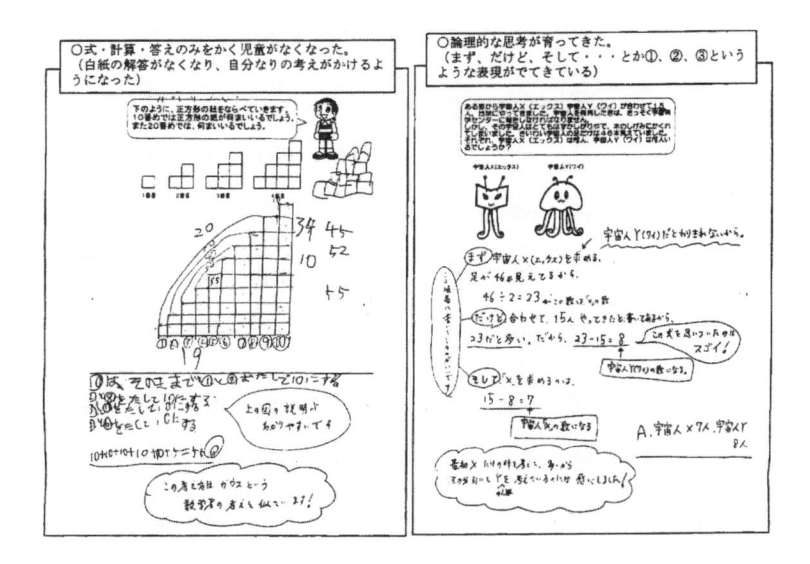

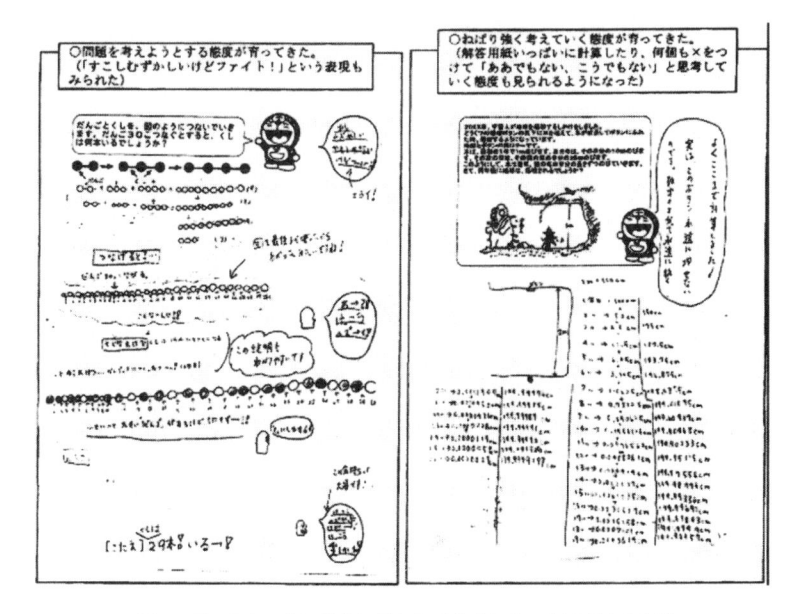

図7　ワークシートに新たに見られるようになった子どもの表現

おわりに

　本章では，授業改革の一つの方法として小学校算数科の発展的な学習について述べた。その意図は，学力問題との関連でその内容に偏って論じられることの多い発展的な学習について，その指導法にも焦点を当てて論じることであった。もとより，授業がその内容と方法を両輪として論じられなければならないことはいうまでもない。発展的な学習が多くの学校で展開される際に，この両輪を兼ね備えた授業改革を進めなければならない。

勝美芳雄（皇學館大学　文学部）

【文献】
伊藤説朗　2002　一人一人の必要に合わせた発展的な教材の開発　楽しい算数の授業，**214**, 7-9.
文部科学省　2002a　個に応じた指導に関する—発展的な学習や補完的な学習の推進—（小学校算数編）　教育出版
文部科学省　2002b　個に応じた指導に関する指導資料—発展的な学習や補完的な学習の推進—（中学校数学編）　教育出版
中原忠男ほか　2005　小学算数 4 年上　大阪書籍，p.13.
野津喬　2003　少人数指導による授業について　大阪数学教育会誌第 27 号，22-25.
野津喬・古賀健一　2003　算数科における発展的問題の取り組みについて—ストラテジー習慣化に関して—　第 33 回近畿数学教育会発表資料
堺市立浜寺小学校　2003　文部科学省委嘱　学力向上フロンティア事業　平成 14 年度実践報告集
堺市立浜寺小学校　2004　平成 16 年度研究記録「確かな学力」を身につける子どもの育成をめざして
堺市初等教育研究会　2003　個に応じた学習の充実をめざして—問題解決力の育成へ向けた少人数指導の工夫—平成 14 年度のまとめ　pp.85-99.
重松敬一・勝美芳雄・勝井ひろみ・生駒有喜子　2002　算数作文の指導による中学校児童へのメタ認知的支援　日本数学教育学会誌第 **84** 巻 4 号，10-18.
東京都算数教育研究会　2003　算数がおもしろくなる発展的な課題事例集　東洋館出版

4 自由バズ学習の理論と実際

はじめに

　グループには不思議な力がある。グループの中で，自己受容・他者受容が促進し，アサーティブに自己主張ができる風土が高まれば，授業参加度が高まって学力が向上したり，いじめや不登校など気になる行動が減少することが知られている。学習心理学や集団力学などの実証研究により得られた知見に基づき，グループのリソースを生かした認知や人間関係の構築に関する理論が提唱されている。ここに述べる自由バズ学習は，そうした科学にもとづく学習理論の一つである。

　自由バズ学習は，2つの目標をもつ。一つ目は，「グループに参加している全ての子どもたちの学力を向上させる」というアカデミックな認知目標である。二つ目は，「助け合い，支え合いながら学ぶことで，望ましい人間関係を構築する」というノンアカデミックな態度目標である。すなわち，学力の向上と人間関係の構築に有効に作用するところが自由バズ学習の特徴であり，こうした点に学校教育に導入することの意義を見出すことができる。

　なお，自由バズ学習は，こうした科学的実証研究に基づく「教育理論」であるがゆえ，現在も新しい知見を取り入れながらその理論が深化し，実践が拡大しつつある。

少人数教育が広がる中，なぜ自由バズ学習か

　2002年からスタートした教育改革の流れの中で，一学級の定員を柔軟にすることが可能となっている。これまで，学級の定員について，クラスサイズとアチーブメントを比較調査した多くの研究がなされている。それら研究の多くが，グラスやスミスら（Glass, Cahen, Smith, & Fildy, 1982）の共同研究の結果を追認するように，「1クラスは15名程度で構成することで，もっともアチーブメントが高まる」と結論づけている。この結果に基づいて考えると，学級の定数を減らそうという試み，また，一部の教科で学年を少人数に分割して学びを援助するという試みは，理にかなうものと考えることができる。

　しかし，クラスサイズが小さくなるだけで，子どもたちの全人的な発達が効果的に援助されていくとは限らない。それというのも，クラスサイズを小さくするということは，単にハードウェアの問題が改善されようとしているにすぎないからである。もうひとつの問題，「どのように教えるのか」というソフトウェアの問題について，改善する余地が残されているのである（2章も参照）。

　ところで，「子どもたちの学びを，どのように援助していくのか」というソフトの問題について，教育の現場では多様な学習理論が提唱されてきた。現場の教師たちにとっては，それらの学習理論の中には実証研究がなされていないものも見られるため，多くの課題を抱えた学習理論も混在しているという点で戸惑いを感じてきた。

　これに対して，市川（1987）は研究室サイドで学習心理学と集団力学の知見により，自由バズ学習という科学に基づく理論を提唱した。市川は学校をフィールドとした膨大な授業研究と検証に取り組んできた。そして，自由バズ学習は理論と実践を一体化させたことで，学習理論として完成度を高めている。この学習理論は，何よりも科学に基づく理論であることから，教職経験の深浅に影響されることなく，子どもたちの学びを援助することが可能となっている。さらに学力向上という認知目標だけでなく，グループの人間関係の促進を目的としたアプローチによりグループに支持的風土を高め，不適応行動を減少させていくという態度目標の達成を可能にしている。

　多くの学校の現場では，今もなお漸増してやまない不適応行動や反社会的行

動への対応に，多くの教師が苦慮している。教室で子どもたちが荒れ，授業が成立しないことに苦悩している教師もいる。しかし，自由バズ学習は，不適応行動や反社会的行動を予防し，全人教育の一つとして開発的にアプローチしていく。望ましい成長をとげる個人は，よきグループの形成に貢献する。よきグループは，個人の望ましい成長に貢献する。ここに，自由バズ学習を学校教育に導入する意義が確認できる。

自由バズ学習の源流

「子どもたちの主体的な学びへの援助」，「子どもたちの豊かな人間関係の構築」を目的に，フィリップス（Phillips, 1948）[注1]はアメリカで一つの討議法を創案した。6人のグループに分かれて6分間討議をするところから，6・6討議法と呼ばれた。討議の際の騒々しさが蜂の群れる様子にたとえられて，バズ・セッションとも呼ばれている。市川（1987）の提唱する自由バズ学習の源流は，ここにあると考えることができる。

フィリップスのバズ・セッションが提唱される以前に，日本でも集団のリソースに着目した学習理論があった。増淵（1984）が提唱し高等学校国語教育で実践した分団学習，大村（1983）の中学校における国語科単元学習のグループ学習などがそれである。多様なグループ学習が提唱される中，バズ学習による指導が注目されたのは，子どもたちの主体的な学習参加を促しながら，学力の向上と人間関係の構築を図る，「科学に基づく教育理論である」ということが評価されたからである。

フィリップスの討議法を日本に紹介し，さらに多くの実践と研究を積み重ねて，より確かな理論に深化・発展させたのが塩田（1989）である。塩田が始めた愛知県の八開中学校におけるバズ学習の実践研究は，人間関係を構築する指導と学力を伸ばす指導の一元化を図る画期的な方法として，多くの教師の共感を得て実践が広がっていった。塩田（1962）が著した『バズ学習方式－落伍者をつらぬく教育』の書名が示すように，バズ学習は低学力の子どもたちの問題

(注1)「バズ学習」（小林利宣編『心理学中辞典』）で紹介されている。

を解決し，子どもたちの生活指導上の問題をも併せて解決していくという最大の特徴が，このタイトルにこめられている。

バズ学習の実践が全国に拡大していく中，1980年には教師と研究者が集い，全国バズ学習研究会(注2)が発足した。この研究会に多くの実践が寄せられ，その分析を重ねることにより，理論はより確かなものとなっていった。

自由バズ学習は，こうした歴史の中から派生した理論である。従来のバズ学習はメンバーを一定期間固定して学ぶことに対して，市川（1987）の自由バズ学習は「グループが常に必要に応じてサイズもメンバーも変化する」というフレキシブルな方法である。グループを固定しないという発想により，従来型のバズ学習が抱えていた「学力低位の子どもにおいて，他のメンバーへの依存性が生ずる可能性」等の課題の一部をクリアすることができた。また，メンバーが頻繁に入れ替わることで，子どもたちはいろいろな役割を短期間で経験する。聴く側と話す側の両者の立場を短期間に何度も経験することにより，「どのような聴き方や話し方がよいのか」という洞察を短期間で獲得していく。

学級定員を減らし，なおかつ学級の壁を取り払って，より少ない人数による分割学習が導入されて，少人数教育が広まっている。しかし，自由バズ学習は少人数教育が拡大される中で，歴史的な役割を終えようとしているのではない。学力は，グループで学ぶことにより一人ひとりの思考が広がる。また，自分の意見を述べたり，人の意見に耳を傾けたりすることにより，集団社会を形成していくために必要なスキルが身についていく。個が重視される時代背景にあって様々な青少年の犯罪が社会問題となっているが，社会学者ハーシー（Hirschi, 1971）が述べるように「人と人との絆により，人間のもつ反社会的行動（犯罪・非行）化への潜在的危機を抑制する（社会的絆論）」ための戦略として，自由バズ学習は時代が求める教育であるといえる。

自由バズ学習は，現在もなお心理学や社会学の新しい知見を取り入れながら発展しており，人間が「相互作用の中で豊かに生きるために必要な資質と能力を養う」という時代が求めている学習理論であるといえる。

(注2) 現在は「全国協同学習研究会」と改称されている。

自由バズ学習導入の実際

　自由バズ学習は，プログラム学習や従来の固定したバズ学習など，心理学に基づく他の学習理論を軽んじるものではない。反対に，それらの理論や実践に注目しており，実証研究から学ぶことも多々ある。さらに，リーダーとしてグループのメンテナンスをおこなっていくために，臨床心理学や社会心理学にも注目している。

　このように，自由バズ学習は，現在も研究室からの理論と，教室からの実践がすりあわされて，実践的研究の集積が進められている。ここでは，中学校数学における導入の実際を取り上げる。

(1) インフォームド・コンセント

　教師は一年間の授業の中で，授業開き（授業の始め）に神経を使う。授業の中の学びの主体者は一人ひとりの子どもたちであるが，授業を構成していくリーダーは教師である。そのことから，自由バズ学習では，教師は明確にアイ・メッセージ（「私」が主語となる，自らの考えや感情を伝えるメッセージ）を発している。「数学を学ぶことのよさ」を身の回りの事象を例示しながら気づかせると同時に，「みんなで協力して学ぶこと（協同）を通して，助け合い，認め合う仲間づくりを進める」というメッセージを明確に示す。そのために，自由バズ学習を取り入れることの必然性を説く。いわば，インフォームド・コンセント（導入の必要性についての明確化）である。具体的には，子どもたちに，自由バズ学習はどのようなものか，を次のように説明する。

　自由バズ学習を説明する例
　①自由バズ学習は与えられた課題について，何人かでグループをつくって，その中で「話し合い」や「教え合い」「ドリル」をします。
　・必要に応じて，いろいろなグループができます。
　・グループで話し合えるので，いろいろな考え方ができることに気づきます。
　・自分の考えを聴いてもらうことで，あいまいだった理解が整理できます。

・助け合うことで，学びを通して，お互いに仲良くなれます。
②グループで話し合ったことを，後で発表し合います。
・発表する機会が増えて，話すことをまとめたり，人に自分の考えを伝えることが上手になります。
・話したり，聴いたりすることが上手になり，人とよりよい関係を築く力が育ちます。
・みんなで学ぶことの意義が感じられるようになり，支え合ったり，分かり合えたりして，クラスが居心地のいい場所になっていきます。

このように，自由バズ学習の方法と，自由バズ学習で学ぶことのよさをイメージさせる。クラス全体で自由バズ学習のイメージを共有しておくことで，「希望する自己像，集団像に近づいていく」ことを各自が目指すことが期待できるからである。

自由バズ学習を導入して，うまくいかないときは子どもたちの参加態度や指導案づくりにのみ原因があるのではない。自由バズ学習が思うように展開されないときは，まずは，上述のようなインフォームド・コンセントが十分であったかどうかについて，評価すべきであろう。

(2) 指導案づくり

教育は「教える」ことと，「育てる」ことで成り立つ。自由バズ学習は，「育てる」ことに重点を置いている。一時間の授業の始まりの中で，学びの動機づけの一つとして，興味を引き起こすために自由バズ学習を導入することが考えられる。また，一斉指導をした後で，ドリルや課題学習として，自由バズ学習を導入する場合も考えられる。1回の自由バズ学習の討議時間は，3分間から6分間程度である。中学生を対象とした調査によると，自由バズ学習を導入すると，授業への参加度が高まる。また，学級雰囲気（school morale）も向上する。授業に活気が出て，授業への集中度が高まるのである。なお一般的に，自由バズ学習が授業の前半に設定されている。実践する教師が，指導の体験を通してそれらのことを実感しているからである。

(3) 言葉がけの工夫

自由バズ学習において，子どもたちの学びの動機づけや強化のために，教師の言葉がけは重要である。自由バズ学習において，教師は心理学の知見を積極的に取り入れている。

リフレーミングによる言葉がけ

その一つが，NLP（神経言語学的プログラミング）のリフレーミングの技法である。自由バズ学習の核心は，話し合いである。授業で，仲間の個性や人間的な優しさに気づくのは，やはり話し合いによってである。教師は課題を提示して，「よい考えが浮かんだら，それを近くの人に聞いてもらおう」と挙手させる。「考えがまとまらない人は，挙手した人のところへ聴きにいってみよう」と言葉がけをする。また，「分かったことを発表しよう」と言葉がけをする。結果として，「積極的に学びにいく」という意識が生まれる。それにより，授業では，子どもたちが主体的に学ぶという枠組みができる。リフレーミングでは，「正常と異常」「できるとできない」という二元論ではなく，心理的枠組みを変化させることにより，子どもの反応や行動がポジティブに変わると考える。自由バズ学習の発表では，「子どもの能力を問わない」スタンスをとる。そのためリフレーミングにより，「主体的に学ぶ自分」というポジティブな自己イメージが，その子どもの中でさらなるポジティブな二次変化，三次変化をもたらしていく。この技法は，そもそも心理療法の技法であるが，自由バズ学習にも有用な技法の一つとなっている。

システム論による言葉がけ

自由バズ学習は，自己評価ばかりでなく，相互評価も重視する。相互評価としての仲間の中でのポジティブなメッセージの交換は，子どもの学習に有効に作用すること，また，個人レベルだけでなく学級の雰囲気の向上にも作用することが実証されている（市川ら，1996）。すなわち，自由バズ学習は，いわば育てるカウンセリングといった位置づけも併せ持っている。

具体的には，教師は評価の際，システム論による言葉がけをする。「よくできたね」という評価は，どうしても教師が子どもより高い位置（up position）

からの評価でしかない。そこで，教師と子どもの位置関係を水平にそろえてみる（level position）。次のようないい方になる。

・「うまくできたね。どんな工夫をしていたの」
・「なるほどなぁ。この発表の仕方，先生も参考になったよ」

　細かなことだが，「よくできたね」と評価されるだけでは，「はい」ぐらいの返事しかできない。だが，「どんな工夫していたの？」と声をかけられると，「あのね，……」というように，子どもも自分の努力したことなどを語り始める。
　解決焦点化アプローチ（ブリーフ学校カウンセリング）では（市川, 2004），カウンセラーとクライアントが同じ立場で解決過程をつくり上げていく。それと同じように，自由バズ学習では教師と子どもが level position に立って学びの過程をつくっていく。すなわち，教師は，子どもに対して，子ども自身の努力や工夫していることに注目させ，子どもと一緒に課題を解決していく力を伸ばしていく。教師は必要に応じて up position に立ってグループのメンテナンスに関わっていくが，一方で，子どもと level position に立った言葉がけをおこなう。
　このように，学び方を育てることと「グループを多元的なコミュニケーションの場に育てる」ことを意図した言葉がけが，自由バズ学習の特徴の一つといえる。

(4) シェアリング

　自由バズ学習の効果を高めるのがシェアリングである。シェアリングとは，「分かち合い」を意味し，一人ひとりの子どもたちが学習を通じて分かったことや気づいたことなどについて，コミュニケーションを通じて相互に共有し合うことを指す。授業のまとめの中でシェアリングをおこなえば，一人の子どもが獲得した気づきや洞察が，他のメンバーの共感につながり，その気づきや洞察が強化される。自由バズ学習が，個人がグループを育て，逆にグループが個人を育てる，といわれるゆえんである。
　自由バズ学習は，知識・理解の獲得だけが評価の基軸ではない。自分の考え

を分かりやすく伝えようと努力しているか。人の考えを理解しようと努力しているか。教える側にも，教えてもらう側にも，それぞれ異なる態度目標が評価のもう一つの基軸となっている。二つの評価規準により，自由バズ学習の中で子どもたちの学びは多様に評価され，望ましい自己概念の形成に作用していく。

教えること，教えてもらうことの双方を体験することにより，さわやかな表現力が向上する。シェアリングでは自由バズ学習で分かったことや，話し合ったことを，各グループが報告しあう。課題学習のもとで自由バズ学習を進めたのであれば，多様な解法を全員が共有できる。

発表の際，「仲間に教えてもらって分かったこと」についての報告を大事にしたい。教えた子どもにとって，自己効力感を高めることにつながるからである。また，教えてもらった子どもにとっては，理解したことを言語化することにより，さらに獲得した知識・理解が強化される。なおかつ，発表を聞いてもらうことにより，「主体的に学習に参加している」と，肯定的な自己理解を獲得できるのである。

教える子に対しても，教えてもらう子に対しても，それぞれに自発性や積極性などを丁寧に評価する。ならびに，子どもたち同士でも評価させる。あらかじめ，分かりやすく説明した子どもには，ポジティブなメッセージを送ることを推奨しておく。子ども同士でポジティブなメッセージを交換させることを繰り返すことで，子どもたちが望ましい自己概念を形成していくことにつながる。

なお，シェアリングでは「質問して分かったこと」だけでなく，「話し合って感じたこと」も発表させる。「丁寧に教えてくれたので，分かりやすかった」とか，「ゆっくり話してくれてよかった」というように，「今ここで（now and here）」感じる気持ちを短い言葉で表現させる。ポジティブなメッセージが交わされることで，学びを通してクラスに良循環が生まれてくる。

(5) コミットメント効果とセルフ・メンテナンス

自由バズ学習は，教師から最低限のルールが提示される。だが，グループのおかれた学習環境や人的状況により，グループは何らかの約束事（コミットメント）をもつに至る。その際，約束事の決定に子どもたちを参画させることで，

望ましい効果があらわれてくる。これは、コミットメント効果とよばれる。

　ところで、教師にとってあまり気にならないような状態でも、子どもたちの側が自分たちの自由バズ学習に対して問題意識をもってメッセージを発する場合がある。中には、うまく言語化できないために、バズ・セッションの最中に難しい顔をして黙り込んで、非言語のメッセージを発する場合もある。そうした子どもたちの発するメッセージは、むしろグループのメンテナンスに重要な資源となり、確実にクラスを成長に導いていく。

　例えば、彼らの声に耳を傾けると、「自分の考えを聴いてもらえる時間がないからつまらない」、「つまらないから、黙っている（騒いでしまう）」といったりする。こういったケースの多くは、不適切なグループサイズが原因となっていることが多い。「自分の考えや疑問を発表できなかったと教えてくれた人がいるけど、他のメンバーはどうだったかな」と、問題をグループに返していく。すると、見た目は活発な自由バズ学習であっても、メンバーの多くが「自分の意見を充分発表できていない」というストレスを感じていることが分かってくる。子どもたちは問題がどこにあるかを共有できれば、「グループが大きすぎるから、もっと少ない人数のグループをつくった方がよい」という解決方法を容易に見つけてくる。そして、グループは「バズは人数が多くならないようにしよう」というコミットメントを獲得していくのである。

　なお、先述のシェアリングは、獲得した新しい知識・理解を共有する場であり、なおかつ、自由バズ学習を自己点検（セルフ・メンテナンス）し、協同で学んでいくためのルールなどを決めていく格好の場でもある。教師がメンバーの心理的な安全を確保するために、一方的にルールを与えていく場面も必要であるが、グループが成長を始めたとき、前述したようにグループのメンテナンスに子どもたちが参画する機会を保証することは、きわめて重要であるといえる。

自由バズ学習とグループについて

　自由バズ学習に対して、塩田（1962）の提唱するバズ学習は、いわば「固定バズ学習」といえる。固定バズ学習では、リーダーやサブリーダーなど6人が

それぞれ長期間役割を固定する。役割を固定化することの長所もあるが，固定バズ学習の実践者たちからは，メンバーに依存性が出てくる可能性が指摘されていた。そのため，固定バズ学習は2名でのバズからスタートして「主体的に学びに参加する」ことをうながしていくが，それでも6人のグループ編成が長期間になってくると，一部のメンバーの依存性を排除することは難しい。

一方，自由バズ学習ではグループサイズに制限を設けず，最小サイズとして2名も認めていく。グループサイズに制限は設けていなくても，現実問題として6名を超えると子どもたちの発言回数は限られてくるため，前述したように子どもたちは自ら上限を6名と考えるようになる。そのグループの中で，子どもたちは短期間に学習者と被学習者の役割を何度も入れ替わって体験する。「話を聞いてもらう」，「やり方を説明する」，「表現方法を見てもらう」という体験は，直接的に有能感（competence）を刺激する。そのため，自由バズ学習に取り組む期間が長くなるにつれて，低学力の子どもたちもふくめてすべての子どもたちの有能感が高まっていく。

桜井（1990）は，有能感を高めるために，①十分な成功体験をもたせること，②失敗したときには，その原因をできるだけ「努力」に求めるようにうながすこと（再帰属療法…能力がないからできないのではなく，努力が足りなかったからできなかったと考え，努力をうながす），③長所を認めること，④他の子どもと比較しないで，その子の過去のできばえと比べ，進歩を認めてあげることが重要であることを解明した。自由バズ学習は子どもたちの有能感を刺激するが，それは，短期間に何度も被学習者の立場を経験でき，学習者に自分の考えを評価してもらえる経験が豊富にあり，さらに，学習者であっても全体討議で報告することでその努力が認められるからである。

ところで，ソーシャル・スキルとして，「人の話を聴くとき，理解したら，うなずいてあげるといいよ」と非言語のメッセージの大切さを教えることは大事である。自由バズ学習では全員が実際に教える側を頻繁に体験することにより，「なるほど。うなずいてくれると話がしやすい」という気づきを容易に獲得していくことができる。また，自分の聴き方はどうかという自己洞察にもつながる。このように，フレキシブルなグループの編成によるたくさんの体験が，アサーティブな表現力を育て，ソーシャル・スキルを獲得させていく。自由バ

ズ学習が認知目標だけでなく，態度目標でも深く貢献する理由がここにある。

ポジティブ・メッセージと拘束

　自由バズ学習では，ポジティブなメッセージを重視している。自由バズ学習の授業を見た教師から，「自由バズは仲良しグループが固定化しないか」と疑問の声を寄せられることがある。これは，インフォームド・コンセントをしっかりとやっておくことで，避けることのできる問題である。「解法が見つからない人は自分の解法が見つかるように，見つけた人のところへ聞きにいく」という唯一の制限が意味をもってくる。つまり，仲良しだということで集まっても，学ぶことはできず，メリットがない。子どもたちは，説明を聞きたい人のところへ出向かざるをえないのである。

　「わかる人のところへ質問にいく」というポジティブな姿勢や，「わかってもらえるように，丁寧に話をする」子どもの誠実さは，賞賛するにふさわしい行為である。シェアリングで，仲間からポジティブなメッセージが投げかけられる。すると，次回からも「仲良し集団」をつくる動きはなくなる。ポジティブなメッセージは，行動を制止することよりも，行動を強く「拘束」する働きをしている。

グループの成長と教師のリーダーシップ

　授業における教師の役割は，カウンセリング場面でのカウンセラーの役割とは異なるところがある。ともに「受容につとめる」という共通点はあるが，前者は後者と比較して父性に重心が置かれる。具体的には，自由バズ学習のシェアリングの中で，父性を発揮して積極的介入が必要な場面と，必要な時期がある。

(1) **PM理論からみた教師のリーダーシップのあり方**
　自由バズ学習は科学に基づく学習理論であるが，導入のリスクはゼロではない。そのリスクを減じるために，また，自由バズ学習の効果を高めるために，

表1　教師のリーダーシップの4類型

Pm型	PM型
学力の向上・学ぶ態度の向上に対しては厳しいが、学級の人間関係づくりは苦手。	学力の向上・学ぶ態度の向上を求めつつ、人間関係にも気を配る。
pm型	pM型
教えることは苦手で、学級の人間関係づくりも苦手。	教えることは苦手だが、学級の人間関係づくりは得意。

　三隅（1984b）が提唱した「PM理論」を教師のリーダーシップに当てはめて、みてみる。

　PM理論では、リーダーシップは学力を上げるという目標達成機能（Performance function, P機能）と、グループの望ましい人間関係を構築するという集団維持機能（Maintenance function, M機能）から成り立つ。学力を上げるためのリーダーシップの度合いが高い状態をPで表し、低い状態をpで表す。ならびに、グループの人間関係へのリーダーシップの度合いが高い状態をMで表し、低い傾向をmで表す。すると、リーダーのタイプは、表1のように4つの類型に分類される。

　こうした教師の類型別で、学習集団としての機能の効果を子どもたちの学力や人間関係の状態からみると、短期では一時的にPM＞Pm＞pM＞pmとなるが、長期ではPM＞pM＞Pm＞pmとなる。このことから、教師が自由バズ学習を通して人間関係の構築に積極的に関わることが、認知目標である学力の向上に貢献していることが理解できる。

(2)　ＳＬ状況対応理論によるグループの成熟度と教師の介入の変化

　次に、「自由バズ学習を導入し始めたときはうまくいっていたのに、その後自由バズがうまくいかなくなってきた」というケースについて考えてみる。このケースでは、教師のリーダーシップが大きな原因の一つとなっていることが多い。つまり、グループが成長（変容）しようとしているのに、教師がリーダーとしてグループに適切に関わっていない可能性が高い。逆にいうと、教師が

表2　自由バズ学習におけるリーダーシップの類型と教師

	リーダーシップの類型	教師のグループへの関わり方
低　↓　グループの成熟度　↓　高	指示型なリーダーシップ	・自由バズ学習のルールを明確にし，逸脱する言動は制止する。 ・自由バズ学習で話し合うこと，教えあうことをこと細かく教示（telling）する。
	説得型なリーダーシップ	・どうして自由バズ学習で学ぶのか，自由バズ学習のルールは何かを説得（selling）する。
	参加型なリーダーシップ	・自由バズ学習の意義やルールが理解されているので，指示を控える。 ・グループの話し合った結果やアイデアが，授業の流れに大きく関わってくる。授業づくりに，バズグループがより参加（participating）する。
	委任型なリーダーシップ	・自由バズ学習の意義やルールが理解されているため，グループでの話し合いや教え合いは，思い通りにやらせる。 ・グループでの問題解決の方法の多くをバズグループに委託（delegating）する。

グループの成長過程を的確に把握し，必要なアプローチをこころがけることで，学力の向上と人間関係の構築という2つの目標に向けてグループは着実に成長を遂げていく。

　オハイオ大学リーダシップ研究センターのハーシーとブランチャード（Hersey & Blanchard, 1993）は，SL状況対応理論（Situational Leadership Model）を提唱している。この理論では，グループの成熟度によって，リーダーシップのあり方は変容していく必要があると考えられている。SL状況対応理論をふまえつつ，自由バズ学習の集団の成熟度と，教師の適切なリーダーシップのあり方についてまとめたものが，表2である。

　自由バズ学習は，子どもたちの協同の学びの場であると同時に，子どもたちと教師の協同の学びの場でもある。目標を明示してグループが成長を遂げつつあるなか，子どもと教師の関係性も変化が求められている。SL状況対応理論を通じて，教師はリーダーシップの有り様について，見通しをもつことができよう。

おわりに

　自由バズ学習では，子どもたちが活発に活動するから，教室内は騒がしくなる。しかし，その騒がしさを教師がコントロールできれば問題がない。また，騒がしさの質についても，考えておく必要がある。「広い教室内で，発言するのが一人の教師か，一人の子どもが発言している状況」と，「広い教室内で，それぞれのグループで一人の子どもが発言している状況」を比較するなら，後者は前者よりも音量的に騒がしくなるのはいうまでもない。けれども，子どもの学びへの参加度は，後者の方が高くなっているであろう。発表者の発言が尊重されるような雰囲気であれば，また「人の話を聴く」といった基本的なルールが大事にされておれば，騒がしさは問題とはならないだろう。

　「授業とは，静かに教師の説明を聴くもの」というドグマから抜け出せば，「騒がしい」という現象面の下に隠れている根本的な子どもたちの問題点に気づく。また，よさにも気づく。すなわち，これまでなら見逃していたような問題点に教師が気づき，新たな援助を，そこから始めることができる。

　前述したとおり，自由バズ学習は，実証的な科学的知見を取り入れて，現在も理論的に完成度を高めつつある。科学に基づくアプローチであることを自他ともに認めているからこそ，学級をフィールドとした実証研究のさらなる集積が待たれる。理論を実践とすりあわせて，一時的に理論の再構築を迫られることがあるとしても，自由バズ学習は実践に基づいた効果とその可能性を追求すべきである。理論と実践の統合された学習理論としてこれからも自由バズ学習が発展していくことを願っている。

中井克佳（三重県北牟婁郡紀北町立赤羽中学校）

【文献】
有門秀記　1998　荒れる学級を予防し自主的な学級を育成する指導の諸原理の提案　学校カウンセリング研究　No.1
有元佐興・加藤孝史・望月和三郎・杉江修治　1997　学校は変われるか　日本教育総合研究所
Glass, G.V., Cahen, L. S., Smith, M.L., & Filby, N.N.　1982　*School Class Size : Research and Policy.* Beverly Hills, CA : Sage.
Hersey, P. & Blanchard, K. H.　1993　*Management of Organizational behavior : Utilizing*

Human Resources. Prentice Hall College Div.（山本成二・水野基・成田攻訳　1978　行動科学の展開―人的資源の活用：入門から応用へ　日本生産性出版）
Hirschi, T.　1971　*Causes of Deliquency*. Univ. of California Press.（森田洋司・清水新二監訳　1995　非行の原因：家庭・学校・社会のつながりを求めて　文化書房博文社）
市川千秋　1987　自由バズを取り入れた授業の進め方　明治図書
市川千秋・榊原秀明・藤岡良寿・榊原朝子　1996　いじめ解決プログラムに関する研究―二段階肯定的メッセージの効果―　三重大学教育実践研究指導センター紀要15号
市川千秋監修　2004　ブリーフ学校カウンセリング―解決焦点化アプローチ　ナカニシヤ出版
丸山正克　1996　仲間との絆を育てるバズ学習のすすめ　みらい
増淵恒吉　1984　国語教育の課題と創造　有精堂出版
三隅二不二　1984a　リーダーシップ行動の科学　有斐閣
三隅二不二　1984b　新しいリーダーシップ　ダイヤモンド社
大村はま　1983　大村はま国語教室1　国語単元学習の生成と深化　筑摩書房
Phillips, J. D.　1948　Report on discussion 66. *Adult Education Journal*, **7**, 181-182.
桜井茂男　1990　内発的動機付けに関する研究　風間書房
塩田芳久・阿部隆編　1962　バズ学習方式―落伍者をつくらぬ教育―　黎明書房
塩田芳久　1989　授業活性化のバズ学習入門　明治図書

5 自学自習の時間の実践

はじめに

「自学自習の時間」とは，通常の授業（以下授業とする）以外に，子どもが「自ら学習し，自ら習得する」特設の時間である。そこでは，自分で何を学習するかを決めて，自ら習得していくところに大きな特徴がある。例えば，授業で分からなかったところを，自学自習の時間で分かるように学ぶ機会としたり，分かったことをさらに発展的に学習する機会に充てたりする。授業では教師が「指導支援」するのに対し，自学自習の時間では，教師は子どもを側面から「学習援助」していく。また，子ども同士の教え合い学習もおこなわれる。このような自学自習の時間になぜ取り組んだのか，どのような成果が上がっているのか。筆者たちの実践を述べることにする。

なぜ自学自習の時間を導入したのか

授業中でさえ，教師の顔を見て説明を聞けない，教師や他の子どもの発言をノートにとれない，教師の指示を実行に移せない，忘れ物が多い，教室から出て行くなどの中学生が少なからず見受けられる。授業を受ける上での基本的な学習規律や学習態度が習得されていないといえるのである。

こうした中学生はどの段階でつまずくことになったのか。筆者は子どもの基礎基本を調べるために，小学校学習指導要領の学年別漢字配当表から各学年に配当された漢字を10字ずつ抽出して，書き取りテストをおこなった。その結

果，低学年の漢字の書き取りはできるが，中学年・高学年段階の書き取りは十分でない子どもが意外に多いことが分かったのである。

さらに本校卒業生の高校退学率は全国に比べて高く，退学理由を追跡していくと，授業についていけない，学習意欲がみられない，といった学習不適応がその理由の一つであることが分かってきた。こうしたことから，基礎学力を向上させること，自分なりの学習方法や学習スタイルを身につけること，成功経験をもたせ，学ぶ意欲を高めることが大きな課題となった。

学校における主たる学習機会である授業での成功経験が少ない分を，授業以外の学習機会で成功経験を与えれば，学習意欲が喚起されて，授業参加にも好影響を与えるはずであると考えた。自学自習の時間はこのような意図をもって，授業とは別の新たな学習機会として新設導入された。

自学自習の時間で培われた学ぶ力が授業にも還元され，他方では授業で養われた学ぶ力が自学自習の時間にも生かされることを期待した。すなわち，授業での指導支援と自学自習の時間の学習援助が，相互に補完し合いながら，よい循環をすることにより，今日の学校が直面している学力の低下に歯止めをかけようとしたのである。[注1]

自学自習の時間のねらい

筆者たちが目指した自学自習の時間のねらいをまとめてみると，次のようになる。

1. 自己決定・自己責任をもって学習に取り組む

自学自習の時間では，子どもたちには自分でどの教科かを選ぶのか，あるいはどのように取り組んでいくのかについて自己決定することを求めた。しかも自分のペースで，学習計画を立て，実践し評価することも求めた。うまくいくかどうか，満足のいく時間を過ごせたか，成功するかどうかは，まさに自己決

(注1) 授業中，私語がある，チャイムが鳴っても着席していない，忘れ物が多いなど，授業規律が守れない子どもがいる。このような状況の中で，教師たちが一つの目標にまとまるようなキャッチフレーズを考え出した。それが「次の3年間をがんばり抜く生徒を育てよう」であった。こうした目標のもと，当時の校長によって自学自習の時間の導入が提案された。

定・自己責任にゆだねたのである。

2.「やれそうだ」「できそうだ」といった，自信・自己効力感を育てる

　子どもたちの内面に，「やれそうだ」「できそうだ」という気持ちを育てることに注目した。そのために，解決焦点化アプローチ（市川，2004）を導入し，既に子どもたちがもつよいところを見いだし，それをふくらます方法を取り入れることにより，自信・自己効力感を育て，才能を伸ばすことをねらいとした。

3. 自分なりの学び方や学習スタイルの習得を目指す

　学習スタイルが認知領域で衝動型か熟慮型か，記憶領域で視覚型か聴覚型か。このような学習適応検査の結果に基づいた教育相談によって，子どもに自分の学習スタイルの傾向を理解させた。そして，自学自習の時間で自分に合った学習方法を試してみることを求めた。すなわち，自分に合った学び方のスキルアップを図るのも自学自習の時間のねらいであった。

自学自習の時間の進め方

　自学自習の時間をどのように設置し進めていったのか。本校での研究実践は平成14年度から平成16年度まで，下記のような経過をたどってきた。

　平成14年度　一単位時間を45分にし，自学自習の時間を創設した。
　平成15年度　学習指導カウンセラー派遣に係る調査研究事業を文部科学省より指定を受けた。自学自習の時間とともにノート取り行動の指導・支援を進めた。[注2]
　平成16年度　指定研究を継続。最終報告書を文部科学省に報告。実態把握のためのアンケートを実施した。

(注2) 通常の授業の中で授業ノートをとらない子どものために，ノートの取り方やノートを取る動機づけの指導をおこなった（北尾・速水，1986）。ノートをとることにより，学習内容の精緻化が起こり，学力の定着をより確かにするためである。また，授業に参加したという満足感が得られ，そのことが次回への動機づけになると考えた。

平成14年度学校教育法施行規則の改正により，一単位時間の弾力的運用が可能になった。授業時間を45分にし，残り5分の時間を放課後に集め，25～30分を自学自習の時間とした。①この時間は学年担当教師が巡回してクラスに入り，通常授業で分からなかったことについて一人ひとりの子どもからの質問に個別的に答え，漢字や計算，英語の重要文の練習をするなど，基礎基本の習得をも目指した学習援助をした。また，②自学自習の時間に相談室に子どもを個別により，学級担任が定期教育相談を行った。これは目標基準準拠テスト（CRT）（辰野・北尾，2002）や学習適応検査（AAI）（辰野，1986），定期テストなどの結果を資料にして子ども一人ひとりの学習方法や学習スタイルの傾向，学習の到達状況を伝え，より効果的な学習方法を発見させるためであった。

①自学自習の時間の持ち方
　自学自習の時間では，上述したように，学年担当の巡回教師による子どもへの学習援助と同時に，平行して担任教師による定期教育相談も実施された。
　自学自習の時間では，指導支援よりも学習援助に重点を置いた。子どもたちが何を学習するかについては，自分で決めるようにした。国語の意味調べをするのか，英語の予習をするのか，明日の単元テストの準備をするのか。近くおこなわれる資格検定の受験勉強をするのか。子どもは何を取り組んでもよいとした。(注3)
　学習の仕方についても子ども自身で自由に決めさせた。そのため自学自習の時間がスムーズに実践され，定着してくると，教師に対する質問だけではなく，子ども同士の教え合い学習が自然発生的に起こった。復習バズ（塩田，1970）のような形で学習が進むこともあった。
　先述のとおり，自学自習においては，基本的には子どもに学習内容や方法について，自分たちで決めさせた。もっとも，教師側が教材等を全くなにも示さ

（注3）本校は特色ある学校づくりの一貫として，飯南地域連携型中高一貫教育を行っており，連携先の飯南高校では漢字検定，英語検定，数学検定などの資格取得を奨励している。本校でも英語検定については2年生では3級に合格したり，3年生が準2級に合格するなど，高い合格率を上げている。

ないわけではなく，子どもたちが円滑に自学自習に取り組めるような選択肢を提供していた。教師の中には，当初すべての学年でドリル学習をするなどの意見もあったが，学年ごとに一番あった教材や方法を工夫して見つけることにした。また，子どもの実態や，クラスの実態に即したやり方で成功した事例を校内研修で交流し報告し合いながら，よりよい取り組みを実践した。２年生で取り組んだ内容や方法の一部を紹介すると次のようであった。

・漢字検定，数学検定，英語検定などの資格試験が近づいた子どもへの特別な学習援助をした。
・定期テストの二週間前からは，テスト対策に参考図書を教材にして教え合い学習をした。
・一問一答問題を交互にクイズ形式で答え合ったり，問題の解き方を分かる子どもが分からない子どもに教えたりなど，復習バズ的な形態をとったりした。

② 定期教育相談の持ち方

定期教育相談では，解決焦点化アプローチ（市川，2004）の導入と援助チームシート（石隈・田村，2003）の導入を図った。また，学習適応検査・標準学力テストの結果を活用した。

・**解決焦点化アプローチの導入**

学習意欲が減退している子どもの相談を進めていくと，「やってもできない」「やってもだめだ」「わたしは能力がない」などネガティブな感情をもっていることが分かってきた。そこで，定期教育相談をはじめ，子どもと関わるあらゆる場面で解決焦点化アプローチを導入した。国語の授業に苦戦する子どもの事例を次に紹介する。

子ども：このごろ，授業がわかりません。
教師：授業がわからないって思ってるんだね。
子ども：わたし，やってもできない。
教師：学習してもわからないって感じてるんだね。この前の学力検査では，

けっこう国語の成績はよかったけど。
子ども：社会になるとさっぱりわからない。
教師：国語って理解力だから，国語ができる人は能力のある人なんじゃないかな。
子ども：教科書は読めるけど，時代区分が分からないです。
教師：社会の授業への取り組みで，今の状態を10段階で表すとしたら，どのくらいかな。
子ども：2か3くらいかな。
教師：国語への取り組みはどうだろう？
子ども：5くらいだと思う。
教師：国語は5くらいの取り組みで，これだけの成績をとれるのだから，社会も国語ぐらいの取り組みをしてみたらどうなるかな。
子ども：伸びるかも？
教師：そうだね。伸びると思うよ。
子ども：もう少し社会もやってみようかな？社会は努力してなかったから。
教師：やってみようって思ったんだね。自分で決めるってすごいこと。それに自分は努力してなかったって，自分で気づくってすごい。やってみたら，結果がきっとついてくると思うよ。社会はどれくらい取り組めそう？
子ども：4か5は取り組めそう。
教師：ワンランク上を取り組むんだね。

　この子どもは社会が苦手で能力がないと思っていた。しかし，国語のＣＲＴの結果は比較的よかったことから，読解力や思考力といった自助資源があることに気づき，社会科学習の不振が決して自分の能力不足ではなく，努力不足であることに気づいていった。そして，「ちょっとやってみよう」という感情や意欲を引き出していった。
　子どもが既にもっているよいところや資源を見出し，それを引き出し，磨き，豊かにする。その繰り返しから，「やれそうだ」「できそうだ」という感情や意欲が生まれることを期待した。自己決定能力を培い，自信・自己効力感の育成をめざした。

・援助チームシートの導入

　子どもの学ぶ意欲がなくなっているとき，その原因として，家庭の事情である場合や，気分不良など健康面の問題の場合がある。また，進路に展望がもてなかったり，自分の置かれた問題を自分自身の問題として受け止められなかったりする状況も見られる。しかし，こうした子どもでも，進路で展望が拓けることにより学習意欲が伸長したり，朝食をとる習慣ができたりしたために授業に集中できるようになるなど，総合的に問題を解決することにより，学習に取り組めることがある。このような総合的に問題解決をおこなうために，特定の子どもを対象とした援助チームシート（石隈・田村，2003）の導入を図った。この援助チームシートを使い，特定の子どもを学年部などのチームで組織的，多面的に援助していく体制の構築を目指した。

　石隈・田村の援助チームシートでは，学習面，心理・社会面，進路面，健康面の各領域と，得られる情報や，援助方針，援助案について2次元のマトリックスの中で，整理できるように工夫されている。

　たとえば，「学習面で不振が続いていて，進路に展望がもてない」といった問題で苦戦している子どもについては，学習面では，得られた情報をもとに，「いいところ，気になるところ，してみたいこと」が記入される。さらに援助方針として，「この時点での目標と援助方針」，援助案として，「これからの援助で何をおこなうか，誰がおこなうか，いつからいつまでおこなうか」，などが記入される。そしてどのように心理教育的援助を行うかの資料として活用されるのである。

・学習適応検査および標準学力テストの活用

　子どもの客観的な学力を把握する必要があるためにCRT（Criterion Referenced Test，目標基準準拠テスト）をおこなった。学習方法や学習スタイル，学習意欲など見るためにAAI（Academic Adjustment Inventory，学習適応検査）も実施した。これらのデータをもとに，きめ細かい教育相談を進めていった。

　次の事例は，CRTの結果で社会科の「歴史の大きな流れ」の理解が十分でないことが判明した子どもに対する教育相談の例である。

教師：歴史の大きな流れってわかるかな。歴史って背骨があるから。その背

骨に肉をつけていくと，歴史がわかってくる。日本史なら縄文から平成までいえるかな。
子ども：室町の次は江戸だったかな？
教師：人物と時代を合わせるといいね。
子ども：室町は足利氏。江戸は徳川氏。
教師：足利尊氏から徳川家康に急に飛んだね。二人の間に誰か入らないかな？
子ども：家康の前は，信長に秀吉。
教師：そう，足利氏・織田信長・豊臣秀吉・徳川家康ってつながるからね。ということは室町時代と江戸時代の間に何が入るだろう。
子ども：信長と秀吉だから，安土桃山時代か。
教師：鎌倉・室町・安土桃山・江戸ってつながっているね。
子ども：まず，時代区分を理解してそれに人物をつけていったらわかるわ。
教師：その時代区分に人物や政治やいろいろ入れていくと，歴史はマスターできる。これで歴史もわかってきそうだね。

通常の授業では，個々の子どもへこのようなきめ細かい対応はできない。しかし，自学自習の時間では，CRTの結果から子どものつまずきを把握し，どのようにしたら学力を向上できるか，一人ひとりの実態に即して方向づけをすることができる。

子どもと教師へのアンケート結果

子どもや教師は自学自習の時間をどのように考えているのだろうか。取り組み3年目を迎えた平成16年度末のアンケート結果，ならびに自由記述の結果を紹介する。

(1) 子どもへのアンケート結果
図1は「自学自習の時間は一生懸命取り組んでいるか」の質問に対する結果である。図1に示すように現在では約20％～約40％の子どもが「一生懸命取

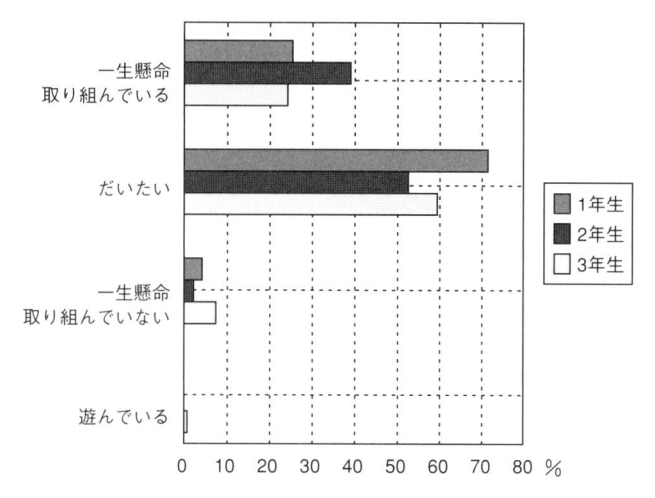

図1 自学自習の時間は一生懸命取り組んでいるか

り組んでいる」と回答し，約50％～約70％の子どもが「だいたい」と回答していた。この結果から見て，合わせて約90％の子どもが前向きに取り組んでいたと判断することができよう。

　図2では，「自学自習の時間はどんな時間か」を質問した結果である。「先生が教えてくれる」については，1年生，2年生で約10～20％の回答が見られた。自学自習の時間が，教師による個別指導的な機能を果たしていたことを示しており，一部の子どもたちは，教えてもらっていると実感していたものと見られる。「集中してできる」では，1年生では約18％，であるが，2年生で約45％，3年生では約56％であり，半数以上の生徒が「集中してできる」と回答していた。

　また，「分かるようになった」「勉強方法が分かった」「やる気が出た」と回答した生徒が各学年とも約10～20％みられた。「分かるようになった」では，3年生で低い結果が出ている。だが，この点を除けば，自学自習の時間は，動機づけ面での「やる気が出た」，そして学習方法の理解の面での「勉強方法が分かった」「分かるようになった」という点で効果が見られたということができよう。

図2 自学自習の時間はどんな時間か

図3 家庭学習は変化したか

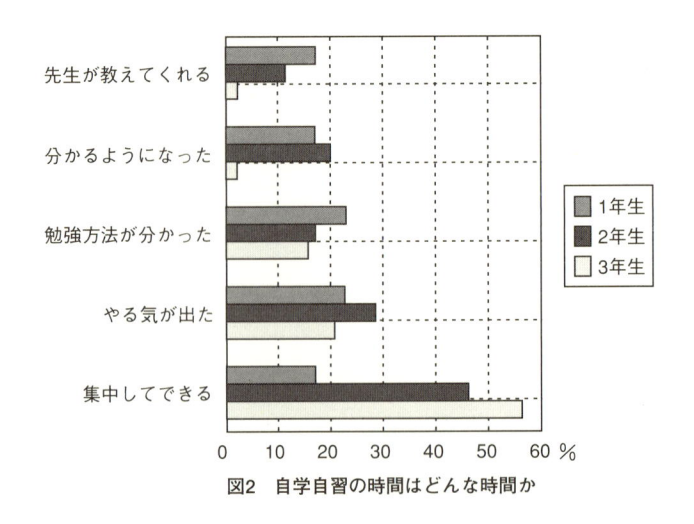

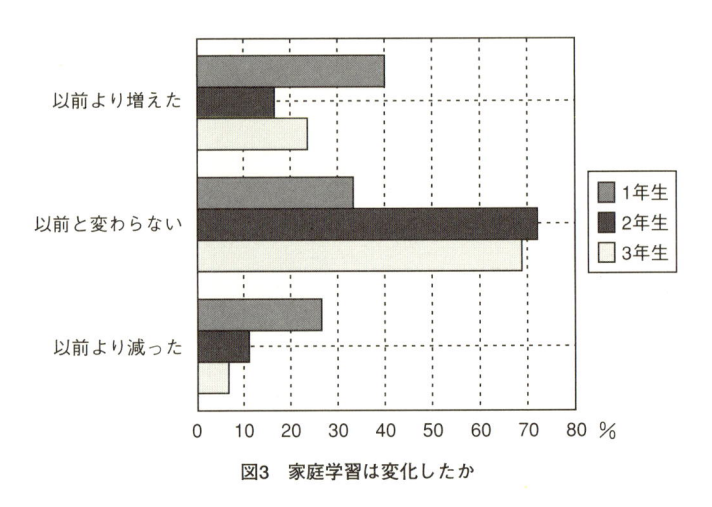

　図3では「家庭学習は変化したか」について質問した結果である。当初は自学自習の時間に宿題をする子どもも見られ，家庭学習時間が減少するのではないかと予想された。しかし，逆に家庭学習時間は，「以前より増えた」と回答する子どもが見られたのは興味深い。「以前と変わらない」は，もっとも多く見られ，2年生では約72％，3年生では約69％であった。自学自習の導入に

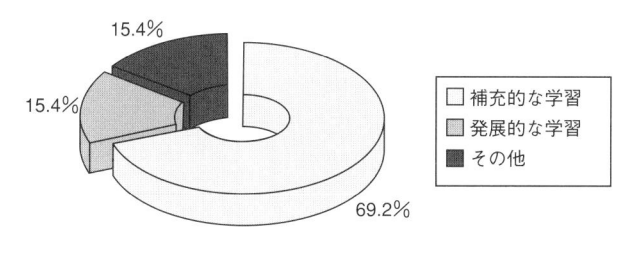

図4　学習援助の重点

よって家庭学習時間が減少した子どもは全回答数62名中8名（約13％）であった。

次に自学自習の時間のよい点について自由記述で子どもに聞いてみた。主な回答を挙げると次の通りになる。

・自学自習の時間をもっと増やすとよい。
・教え合いができるからよいと思う。
・復習がうまくできてよい。
・やる気が出てきたし、その日のうちに復習ができる。
・自分にとって大切な時間である。
・勉強の仕方が分かるし、勉強が進んでよい。

こうした結果によれば、子どもは、自学自習の時間に対して、学習意欲が高まったり、学習の仕方がわかるし、また、勉強が進む等、有意義な時間であると回答していることがわかる。

(2) 教師へのアンケート結果

図4は教師が自学自習の時間での「学習援助の重点」をどのように考えているかを質問した結果である。この質問から、補充的な学習に69.2％、発展的な学習に15.4％、その他に15.4％という回答が得られた。補充的な学習とは基礎基本の習熟を目的とした内容や授業で出された宿題・レポートなどの提出物

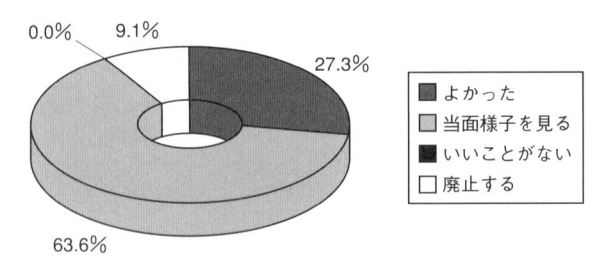

図5　自学自習の時間を新設したこと

（凡例：よかった 27.3%／当面様子を見る 63.6%／いいことがない 0.0%／廃止する 9.1%）

をさしている。教師が補充的学習に重点を置いていることが明らかになった。

　図5は「自学自習の時間を新設したこと」について質問した結果である。「よかった」が27.3％，「当面様子を見る」が63.6％，という回答が得られた。教師の中には，よかったと思いながらも，実践を続けながら様子を見ていく姿勢が読み取れる。少なくとも「いいことがない」という回答は見られなかった。「廃止する」（9.1％）とした教師も見られたが，これは学習援助よりも従来型の指導支援を中心に考える教師であると見られる。

　自由記述で，自学自習を学習援助していてよかった点について，教師に回答してもらった。回答のいくつかを以下に挙げる。

・通常の授業で今まで質問しなかった子どもが，質問してくるようになった。
・熱心に取り組むようになった。
・個別の学習援助で理解が進んだ。
・子どもが自主的に学習に取り組む姿勢を養うのに有効な時間だった。
・落ち着きのなかった子どもが，静かに取り組むようになった。
・子どもの意識が変わった。

　この結果からわかるように，教師は子どもの行動変化を好意的にとらえ，積極的に評価していることがうかがわれる。

自学自習の時間導入の成果

　教師によるアンケートの自由記述にも示されたように，子どもは意欲的に授業や学習に取り組むことができるようになった。自学自習の時間では，子どもは自己決定をし，自ら何を学習するのか，どのように学習するのかを選択する中で，学習意欲や学習方法を身につけていった。その結果，導入後4年を迎えて，通常授業においても集中して取り組む様子が目立ってきた。

　自学自習の時間での自己決定・自己責任の力の育成と同時に，解決焦点化アプローチの導入によって，「やればできる」という意識が育ってきた。学習援助を行うことにより，自信や自己効力感が培われ，子どもの中には，ある日突然進路に展望をもち始める子どもも出てきたのである。

　自学自習の時間での教師による学習援助では，学びの主体はどこまでも子どもである。教師は個々の子どもの学習スタイル・方法を適応検査などから判断し，子どもは自分のスタイルを自覚して学習にのぞむ。つまり，教師は側面から理解やつまずきを診断しながらサポート役に徹する。指導支援よりも学習援助過程を通して，教師と個々の子どもとの間に新たな信頼関係が生まれてきた。

　落ち着いた学習ができてくると，分かる子どもが分からない子どもに教える，教え合い学習が可能になってきた。結果として，子ども同士の助け合いに基づく人間関係も向上してきた。すなわち自学自習の時間の取り組みによって，単に学習援助だけに留まるのではなく，クラスの仲間づくりや生徒指導上の効果もあがってきたのである。自学自習の時間は，学習方法の習得や学習意欲が喚起できるだけでなく，子どもの学校生活全体によい循環を引き起こすといってよい。

今後の課題と展開

　アンケートの自由記述の中で一番多かった子どもの意見は，「自学自習の時間をもっと増やして欲しい」というものであった。自学自習の時間の確保は容易ではないが，教育課程編成の工夫次第では，様々な形態も可能である。例え

ば，総合的な学習の時間の活動のなかに組み入れることもできるかもしれない。

　自学自習の時間が定着してくると，取り組みにマンネリ化が進むことがある。子どもが暇そうにあくびをしたり，何かしらクラスが騒がしくなったりした時期もあった。自学自習の時間を導入したころは，新しさもあって子どもも一生懸命取り組んでいた。しかし，それが当たり前になると自学自習の時間の活動内容が乏しくなる場合も出てくるのである。そのため，うまくいけば，取り組みを継続し，うまくいかなければ，すぐに新しい手を打つという姿勢が大事である。本校のような小規模校では各学年の担当教師がすべての教科の学習援助に対応できないこともあった。このようなケースでは，手のあいている他学年教科の教師が入ったり，英語科ではALTを活用したりしていた。この他に地域の知的リソースを活用することも考えられる。本校は連携型中高一貫教育をおこなっているが，連携高校の教師が自学自習の時間に入ることもよい。

　アンケートでは，自学自習の時間を「一生懸命取り組んでいる」と回答した子どもが「だいたい」をも含めて90％を超えた。他方教師の中には自学自習の時間に対して「当面様子をみる」という回答が多く見られた。教師側がどのようにこの時間を有効に活用するのかは今後の課題である。教師は子どもの能力や意欲など実態をつかみながら，どのような学習援助が効果的なのかを吟味して進めることが求められよう。そのことによって，さらなる自学自習の時間の有効活用が期待できる。

　自学自習の時間の成果は，子どもが落ち着いて学習するようになったということもあるが，教師間の協同が進んだということが，大きな成果として特筆できる。自学自習の時間の導入当初は，その是非について賛否両論があった。教師間での教育観や指導観，学校運営に関する意見，どんな子どもを育てたいのかなど，時間をかけて議論できるような状況を作り出していくことが重要である。教師の協同は，自学自習の時間を導入していく過程でつくられていくといえよう。

おわりに

　指導支援はティーチングとサポートの側面が強く，学習援助にはガイダンスとヘルピングの側面が強い。通常の授業では教師による指導支援が主な手段になるが，自学自習の時間は学習援助が主な手段になるのである。また自学自習の時間では，授業で理解が十分でない子どもには基礎基本を習熟する時間になり，十分に理解が進んだ子どもにはより深く発展的な学習をする時間になる。

　さらに，子ども相互の教え合いがおこなわれるのも自学自習の時間の特徴である。理解が進んだ子どもがそうでない子どもに自発的に教える場面がでてくると，個々の学力向上だけでなく，クラスの仲間作りに寄与するようになる。

　自学自習の時間では，子どもが自分で何を学習するか，どのような方法で学習するか，自分で決めて学習を進めていく。それとともに解決焦点化アプローチの導入によって，自信や自己効力感が生まれ，学習意欲が喚起される。

　導入初日，子どもが目を輝かせて，「先生，自分で決めたら何を学習してもいいんですか」と尋ねてきたことがあった。学校生活の中で教師は子どもに自己決定をする場面をどれだけつくってきたのだろうか。そのとき，授業改革の新しい展望が拓けた感じがした。

　各校が創意工夫して特色のある学校づくりがおこなわれている現在，自己決定・自己責任に基づく自学自習の時間は，卓越性のある有効な手だての一つとなりうるであろう。

　　　　　　　　　　　　　　　松本　治（三重県松阪市立飯高西中学校）

【文献】
石隈利紀・田村節子　2003　石隈・田村式援助チームによるチーム援助入門　図書文化
市川千秋監修　2004　学校心理学入門シリーズ①ブリーフ学校カウンセリング　―解決焦点化アプローチ―　ナカニシヤ出版
北尾倫彦・速水敏彦　1986　わかる授業の心理学　有斐閣
塩田芳久編　1970　バズ学習の実践的研究　黎明書房
辰野千壽　1986　新版学習適応性検査（AAI）　図書文化
辰野千壽・北尾倫彦　2002　教研式目標基準準拠検査（CRT）　図書文化

6 学生ボランティアによる個別学習アシスト教室の実践

個に応じた学習指導

　教室には様々なタイプの子どもが存在する。やる気のある子ども—ない子ども，学習レベルが高い子ども—高くない子ども，ほめて伸びるタイプの子ども—そうではない子どもなど，様々な部分において子どもはそれぞれ異なっている。このような子どもの「個人差」が，学習に影響を及ぼすことは想像に難くないであろう。教育心理学では，これらの問題が適性処遇交互作用（Aptitude - Treatment Interaction：ATI；Cronbach, 1957）という観点から扱われ，多くの研究において，子どもの特徴（適性）によって学習指導法（処遇）の効果が異なるという結果が見られている（Snow, 1965；安藤ら，1992）。これらの知見をもとに考えるならば，子どもの個人差に応じた教育をおこなうことが望ましいといえるだろう。

　子どもの個人差に応じた指導をおこなうことを考えた場合，教育現場で広く取り入れられている一斉指導型の授業を通して実現することも可能であると思われるが，やはり理想的には，一人ひとりの子どもに対して独自の学習指導を行う個別学習指導が望ましい。本実践では教師と子どもが1対1で学習を進めていく，個別学習指導を取り上げ，その詳細について報告する。

ボランティアチューターによる個別学習指導

　ところで，子ども一人ひとりに応じた個別学習指導が，個に応じた学習を実

現しやすく，そして個別学習指導のみにて達成しうる効果が存在することは，多くの人が考えるところであろう。しかしながら，実際に学校場面で個別学習指導が取り入れられているのは，放課後の補習指導など，数少ない場面のみである。これは，個別学習指導をおこなうには1人の子どもに1人の指導者が必要であるというコストの大きさが問題であると考えられる。特に教師の仕事の多忙さ（土屋，1996）が強調される現在，教師が一人ひとりの学習者に個別に対応するのは非常に困難であろう。

これらの問題を解決する一つのやり方として，ボランティアチューターを取り入れた活動というものが考えられる。学校教育場面においてボランティアチューターを活用しようという動きは，近年特に広がりを見せている（例えば，大阪府教育委員会の「まなびングサポート事業」など）。今回報告する実践でも，個別学習指導における指導者の役割をボランティアチューターが担い，そして，そのボランティアチューターと学校の教師との連携をとりながら，活動を進めていった。

今回の報告では，ボランティアの募集をはじめ，ボランティアによる活動の詳細についても紹介し，今回の活動がどのようなものであったのかについて検討をおこないたい。

アシスト教室実施の詳細

今回報告する実践は，名古屋大学教育学部附属中学校(以下，附属中)でボランティアチューターによっておこなわれた個別学習指導活動である「個別学習アシスト教室（以下，アシスト教室)」に関するものである。

(1) アシスト教室の参加者

アシスト教室の参加者は，個別学習指導における子どもとボランティアチューター，附属中の教師，そして研究者であった。

個別学習指導における子どもは附属中に在籍する中学生であり，後述する方法で選ばれた子どもであった。ボランティアチューターは名古屋大学教育学部の大学生および教育発達科学研究科の大学院生であり，この中でコーディネー

ターの役割を担う者もいた。中学生とボランティアチューターは1対1でペアを組み，短くとも半期間にわたりこのペアで個別学習指導をおこなった。附属中の教師からは，個別学習指導で扱う教科を担当する教師に関わっていただいた。また，アシスト教室に関して研究をおこなう教育心理学専攻の研究者も関与していた。

(2) アシスト教室開設までの活動

　まず，アシスト教室実施の詳細を決定した。具体的には，実施スケジュール・実施時間・当日のスケジュール・実施内容（教科）・子どもとボランティアチューターの募集方法・実施場所などについて決定した。実施スケジュールについては，学校の行事日程などとボランティアチューターの募集時期との兼ね合いから決められた。実施時間については，放課後の実施であったため，下校時間を考慮して決定し，また，試験期間中に早く帰宅する場合についても相談がなされた。当日のスケジュールについては，ボランティアチューターが入校してから下校するまでのスケジュールが綿密に決められ，これをボランティアチューターに配布した。教科については，今回の活動では数学と英語に絞って活動をおこなったが，これはかなり早い段階で決定された。これらの決定については，附属学校の教師とコーディネーター役の大学院生によっておこなわれた。

　これらが決定した後，参加する子どもとボランティアチューターの募集をおこなった。子どもについては，附属学校の教師が保護者宛のプリントを配布し募集をおこなった。プリントには，参加希望を連絡する欄が設けられており，参加を希望する子どもは，この部分を切り取り教師に渡すというかたちで応募をおこなった。

　ボランティアチューターの募集は，コーディネーター役の大学院生を中心としておこなわれた。名古屋大学教育学部の掲示板に「学習指導ボランティア」募集のポスターを掲示すると同時に，募集のチラシを配布するなどした。ここにはコーディネーター役の大学院生の連絡先が記載してあり，参加希望者はそこに連絡をおこなうというかたちで応募した。

　このような募集をおこなったところ，ボランティアチューターの希望者に比

表1　アシスト教室に参加したペア数

期間	2001年度		2002年度		2003年度	
	前期	後期	前期	後期	前期	後期
人数	17	16	11	8	13	13

べ子どもの希望者が大幅に上回った。そのため、ボランティアチューターの希望者が決定した後、子どもの希望者の選抜をおこなった。子どもとボランティアチューターには、応募の際に参加を希望する曜日・教科を尋ねていた。そこで、まず子どもの希望者の中から、ボランティアチューターの希望日と一致した者を選抜した。それでも子どもの希望者がボランティアチューターの希望者が上回る場合には、抽選もしくは附属中の教師の判断により選抜をおこなった。

2001年度から3年間の参加人数等は表1に示すとおりであり、1年目は16～7名、2・3年目は10名前後が参加していた。

(3) 個別学習指導実施の詳細

ここでは、個別学習指導がどのような形式でおこなわれたのかを紹介する。なお、具体的な指導の様子については中西・中島（2003）、ケースの様子については矢木ら（2002）、および、藤田ら（2002）を参照されたい。

個別学習指導は、1名の子どもにつき、1名の専属のボランティアチューターが担当するというかたちをとり、両者がペアとなって学習指導が展開された。原則的に週に1回、放課後の約1時間程度を用いておこなわれた。ただし、ペアによっては相談の上、定期試験前などに特別に時間を設定して、学習指導をおこなっていた。個別学習指導をおこなった場所は、附属中の教室であり、個別学習指導のための設備等はない普通の教室であった。1教室では、およそ2～3ペア程度が同時に活動することが多かったが、最大で5ペアが活動することもあった。数学か英語のどちらか1科目を子どもは選択し、ボランティアチューターはその科目について継続的に指導をおこなった。

(4) 個別学習指導の方法

具体的な指導方法・指導内容ともに，それぞれの子どもに応じた学習指導ができるよう全体的に統一したかたちでおこなうことはせず，ペアごとに決められるようにした。実際におこなわれた指導としては，教科書中心の指導，独自のプリントを用いた指導，ヒアリングを用いた指導など様々なものがあり，これらは子どもとボランティアチューターの話し合いによって決められた。ただし，活動の全体的な方向性については統一するため，全体の目標として「子どもの動機づけを高め維持すること」と「子どもの学習理解を促し，学力を総合的に高め維持すること」を掲げた。そして，この目標を達成するために，すべてのペアに共通した形式のワークシートをおこなった。

(5) ワークシートの内容

2001年度および2002年度前期は「学習確認紙」と呼ばれるワークシートを用いて指導をおこなった。そのワークシートでは「その日の指導で行ったこと」「その日の指導でできたところ」「その日の指導でできなかったところや今後の課題」について，指導終了後に子どもが書き込むこととなっていた。この作業は，自分ができるところとできないところをはっきりとさせることを目的としたものであった。これにより自らの学習成果が可視的になり，自分の学習行動のあり方が，そのまま学習結果に結びついているという理解（Seligman, 1975；平井・木村, 1985）が高まり，動機づけが高まることを期待した。

このようなワークシートを1年半にわたり用いたが，簡単なメモ程度の記述が目立つようになり，ワークシートに対して積極的に書き込む姿勢がみられなくなってきた。これを解決するために，指導前にもワークシートへの記述をおこない，ワークシートをとおして自らの学習をふりかえるという意識を高めることを考えた。そこで，2002年度後期には学習確認紙を一部変更し，個別学習指導の前に，子ども自身にその日の目標を設定させ，指導後にそれがどの程度達成されたかを記入させた。このように毎回，子ども自身が目標を設定することにより，目標自体を自分自身で決めていると感じ，その設定した目標を達成するように活動することが期待された。

2003年度では，2002年度のものをさらに改良した。「目標設定ワークシート」

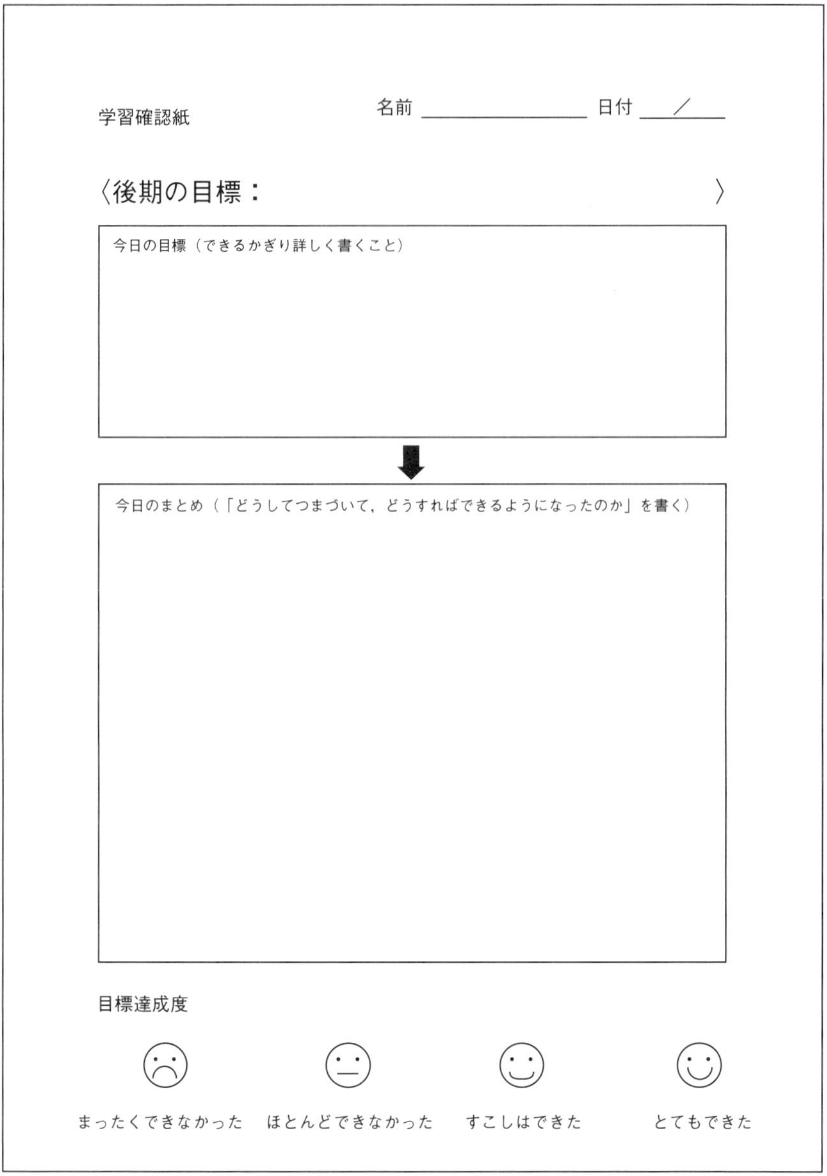

学習確認紙　　　　　　　名前 ＿＿＿＿＿＿＿　日付 ＿＿／＿＿

〈後期の目標：　　　　　　　　　　　　　　　　　　　　　〉

今日の目標（できるかぎり詳しく書くこと）

↓

今日のまとめ（「どうしてつまづいて，どうすればできるようになったのか」を書く）

目標達成度

☹　　　😐　　　🙂　　　😊
まったくできなかった　ほとんどできなかった　すこしはできた　とてもできた

図1　2003年度に使用された学習確認紙

と呼ばれるワークシートを作成し，実施した（図1）。2002年度のワークシートでは，子ども個人が目標を設定するが，毎回バラバラな目標であったために，半期の指導を通してどのような目標にたどり着くのかが明確にならなかった。そこで，半期全体の「大きな目標」とその日の指導における「小さな目標」の2種類の目標を設定させる形式とした。「大きな目標」を達成するための「小さな目標」を設定することで，今の自分の位置や何をするべきかがより明確となることを目的とした。

このようなワークシートを通して，アシスト教室は，子どもが個別学習指導の場でおこなっている学習を支援するだけではなく，その後の自発的な学習についても支援することが期待された。

(6) ボランティアチューター・学校・研究者との連携

アシスト教室では，ボランティアチューターと子どもが関わりをもっていただけではなく，附属中の教師と研究者も連携をとりながら，子どもへ関わっていた。これにより，いくつかのメリットが得られた。まず，附属中の教師と連携することで，学校の中での様々なリソースを利用することができた。まず，実践場所の提供という点である。アシスト教室は，附属中内の教室を用いておこなわれたため，子どもにとって，アシスト教室へ容易に足を運ぶことができた。

また，附属中の教師によって子どもの募集と選定がおこなわれた。これにより，アシスト教室に参加する子どもの募集は附属中において幅広くおこなわれた。保護者への了解等の手続きも附属中の教師によっておこなわれた。また応募者多数の際には，教師の判断で参加者が決定されたため，学校での学習の様子を考慮した子どもの選定がおこなわれた。

そしてもっとも大きなメリットとしては，ボランティアチューターと附属中学校の教師による情報交換がおこなわれたということである。ボランティアチューターが学校に来る際には，職員室に立ち寄るが，その際に担当の教師と話をする機会が生まれた。また，1～2ヵ月に1回，ボランティアチューター・附属中の教師・研究者が集まって話し合いをする研究会が実施された。このような場面では，ボランティアチューターからは個別学習指導で気づいたことや

感じたこと，相談したいことなどが附属中の教師に伝えられることがあり，また，附属中の教師からは現場の視点からの考察や情報がボランティアチューターに伝達されることがおこなわれた。このようなやりとりがおこなわれることで，ボランティアチューターにとっては日々の指導活動についてのヒントを得たり，自らの指導方法をブラッシュアップする機会になったりしたようである。一方で，附属中の教師にとっては，普段の教室場面では見られない子どもの一面を知ることがあり，それが子どものより深い理解にもつながっていたようである。

また，アシスト教室には，研究者によっても様々な寄与がなされた。例えば，研究会などでは教育心理学的な研究の視点からの意見が紹介された。これもまた，ボランティアチューターや教師による子ども理解に対して新しい視点を提供したようであった。一方，研究者の側でも，新たな研究のアイデアにつながる情報を手に入れたようである。

そして，研究者の存在は，研究における知見を実践場面に導入することにつながった。例えば，前述のワークシートについても，研究での知見が取り入れられながら作成がおこなわれた。また，実際に実践場面を活用した研究活動がなされた。これによって研究者は，教育心理学的な研究の知見が現実の指導場面に適用することが有効であるかを検討でき，また，現実場面から新たな研究の発想を得るきっかけとなった。

結　果

(1) 子どもから見たアシスト教室

それでは，参加していた子どもは，アシスト教室での個別学習指導をどのように捉えていたのであろうか。アシスト教室で目標とされていた学習支援・学習動機づけへの支援がなされていたと子どもは感じたのであろうか。そこで，子どもの側からアシスト教室をどのように捉えていたのかを，参加した子どもへの面接により検討をおこなった。面接の詳細は以下のとおりである。

・実施時期：2003年夏休み開始直前　（約3ヵ月参加後）

・面接参加者：12名
・面接者：筆者
・質問内容：Q1.「アシスト教室をやってみて教科の勉強への考え方や感じ方が変わったところ」
　　　　　　Q2.「アシスト教室について他に感じたところ」
・面接での回答は，回答者の許可のもと，カセットレコーダに記録するとともに，面接者によるメモがとられた。

面接での発話内容は，まず筆者が似たもの同士をまとめるという形で分類した。そして，それぞれの分類における内容について，何名の子どもからその内容に関する回答が得られたかを算出した。以下では，この結果を参考にしながら，アシスト教室が子どもにどのような影響を与えたのかについて考えていきたい。

Q1.「アシスト教室をやってみて教科の勉強への考え方や感じ方が変わったところ」（数字は人数）

・勉強をするようになった。・・・・・・・・・・・・・・・・9
・勉強へのやる気が高まった（楽しい・勉強をしようかな）。・・・・・・・8
・勉強が分かるようになってきた。・・・・・・・・・・・・・7
・勉強のやり方がわかるようになってきた。・・・・・・・・・2
・人に聞くようになった。・・・・・・・・・・・・・・・・・1

Q1に関してもっとも多く挙げられた回答は，アシスト教室によって「勉強をするようになった」といったものであった。個別学習指導を放課後に学校でおこなうことで，自主的に家庭学習をすることがなくなるのではないかという危惧があるかもしれない。しかし，ここでの結果からは，そのような回答は見られず，むしろこのような支援により，勉強することが増えたという回答が得られた。「勉強をするようになった」原因の1つとして考えられるのが，次に多く挙げられた「勉強へのやる気が高まった」というものであり，勉強へのや

る気，すなわち学習への動機づけが，勉強をすることにつながったと考えられる。さらにこのような学習への動機づけが高まったと子どもが感じるようになった背景には，その次に多く挙げられた「勉強が分かるようになってきた」ということが関係しているのかもしれない。つまり，アシスト教室での学習活動が勉強がわかるという感覚と結びつくことで，やればできるという理解となり，動機づけが高まったと考えられるのである。また，後述する Q2 についての考察でも触れるが，やる気が高まった背景には，ボランティアチューターと楽しく話をしながら学習を進めていたなどの要因も考えられる。

さらに，2名からは，「勉強のやり方が分かるようになってきた」という回答が見られた。自ら学習を進めていくためには，学習に対する動機づけがもちろん必要ではあるが，一方で適切な学習のやり方，すなわち，学習方略を身につけておく必要がある。そのような支援をアシスト教室の中で行うことも，自律的な学習を促す上では重要なことであるといえるだろう。

Q2.「アシスト教室について他に感じたところ」（数字は人数）

・気軽に聞きやすい。・・・・・・・・・・・・・・・・・・・・・11
・勉強以外の話などが楽しかった。・・・・・・・・・・・・・・・7
・もっとたくさんの人が参加できるようにして欲しい。・・・・・・5
・もっとたくさんの頻度でできるようにして欲しい（回数・教科）。・・5
・勉強が楽にできた。・・・・・・・・・・・・・・・・・・・・・3
・できればそのまま続けたい。・・・・・・・・・・・・・・・・・3
・安心感があった。・・・・・・・・・・・・・・・・・・・・・・2
・勉強する環境がよかった（冷房など）。・・・・・・・・・・・・1
・もうちょっとアシスト教室の目標が分かりやすい方がいい・・・・1
　（「この本を訳す」とか）
・もう少しやりたいことをさせて欲しい（目標に関して）。・・・・・1
・英語と数学とで教室を分けて欲しい。・・・・・・・・・・・・・1
・部活がつぶれない時間にやって欲しい。・・・・・・・・・・・・1
・雑談がなくてもそれはそれで良かった。・・・・・・・・・・・・1

Q2に関しては,「気軽に聞きやすい」という回答がほとんどすべての子どもから得られた。では,この「気軽に聞きやすい」という回答がどのような背景から現れたものであろうか。これについて検討するため,「気軽に聞きやすい」という回答につながっていると考えられるその他の回答箇所を抜き出して,検討を試みた(なお,以下の記述は発言の意味を変えない程度に要約してある)。

・学校の先生は詳しくやってくれるけど,授業だと先生が40人全員をみないといけないから,大変そうだから聞きにくいし……。
・授業みたいに40対1でやってると,自分が質問したことによって,みんなの授業を妨害したっていう気持ちになっちゃうから,1対1だとすごく聞きやすい。
・わかんなくなったときが安心できる。アシスト教室があるからそこで教えてもらおうと。やっぱ先生とかは忙しいみたいで……。
・先生は次の授業があったりでなかなか聞けなくて,アシスト教室だと時間がたっぷりあって聞ける……。

すなわち,「気軽に聞きやすい」という回答の背景には,教師が忙しいことや,教師が自分1人だけに教えているのではないということを気遣い,なかなか教師に聞くことができないという様子がうかがわれる。その一方で,個別学習指導では,ボランティアチューターが子ども1人のためだけに時間をあけているため,安心して聞くことができるのであろう。そして,これは教師とは立場が違うボランティアチューターがおこなうからこそ,その安心感が強いものになるのではないだろうか。つまり,教師がチューターをおこなった場合,教師への気遣いを相変わらず感じ続けることになり,安心して聞けないということがあるのだろうが,ボランティアチューターという立場の違う人間が関わることで,そのような気遣いを感じなくてすむため,安心して聞くことができるのではないだろうか。いずれにしても,個別学習指導の場合,子ども1人に1人のチューターがつくということで,安心して聞きたいことが聞けるというメリットがあるようである。

アシスト教室について感じたところとしては,「勉強以外の話などが楽しか

った」という意見も多く寄せられた。一斉授業においても，教師が「雑談」など勉強以外の話をおこなうことはあるだろう。しかし，個別学習指導ではそのような会話においても双方向のやりとりが可能であるため，より深い会話をすることができ，そういったところが楽しさにつながったものと推察される。今後より詳細な検討が必要であるが，勉強以外の話の楽しさといったものが，勉強そのものへの動機づけにつながった可能性は十分に考えられるであろう。

アシスト教室については，「もっとたくさんの子どもが参加できるようにして欲しい」「もっとたくさんの頻度でできるようにして欲しい（回数・教科）」といった意見も，約半数程度の子どもから寄せられた。これはアシスト教室に対する期待の表れであると考えられるが，一方で個別学習指導の問題点が指摘されたともいえる。すなわち，1対1の個別学習指導では，子どもの数だけボランティアチューターが必要になるため，多くの子どもに個別学習指導をおこなおうと考えた場合，それだけ多くのチューターが必要である。しかし，現実的にはそれだけのチューターを揃えることは困難である。ボランティアを活用することで学校の教師がチューターをおこなうよりは多くの個別学習指導が実施可能になるかもしれないが，それでも限度がある。そのため，特に個別学習指導でないと有効な教育的働きかけができないと考えられる状況に絞っておこなうことが望ましいといえるだろう。

最後に少数ではあるが，アシスト教室における目標設定やアシスト教室の実施形態に対していくらか不満も出された。このような点に対しては，アシスト教室自体の目標や運営方針を子どもと共有し，それに対して子どもからの声を取り入れながら活動をつくっていくしくみなどを考える必要があるかもしれない。

(2) 教師から見たアシスト教室

一方，アシスト教室に関わっていた教師は，アシスト教室をどう捉えたのであろうか。これらについて検討するため，教師を対象にアンケートを実施した。対象は，アシスト教室に関わりがあった英語科・数学科の教師（英語2名・数学1名）であった。アンケートの内容は以下の通りであった。

Q1.「アシスト教室が教師の活動にどのような影響を与えたか？」
Q2.「アシスト教室が効果的に働くには？」
Q3.「ボランティア活動に求める役割」
Q4.「その他」

Q1.「アシスト教室が教師の活動にどのような影響を与えたか？」
役に立っている：2名
・学習が遅れがちな生徒に個別に対応できるシステムはとても役に立っている。また，年齢が近いこともあり情緒的，精神的にも相談しやすいという面もある。教員にとっても自分の教授法や生徒の反応や様子を見つめ直す機会にもなる。
・基本的には，昨年度までのやり方について生徒の支援になっていて，教師としても学力不振者に対しての指導として，役に立っているといえる。

どちらでもない：1名
・教師の活動には影響はない。担任のときはある程度は分かっていたが，担任以外の一般の教師は誰がアシスト教室に参加しているか知らされていない。生徒も自分がアシスト教室に参加していると教師には言わない。先日のような，教科担当者とアシスト教室の講師が連絡をとり合う場は今までなかった。

「どちらでもない」と答えた教師は，教師とアシスト教室との連携の必要性を強調していた。アシスト教室は附属中で実践をおこなっていたが，窓口になっていた教師以外との密接な連携がとれていなかった可能性がある。そのため，今後効果的な連携のあり方について検討していく必要がある。
　一方で，「役に立っている」と答えた教師は，アシスト教室においてボランティアチューターが学習不振の子どもに個別に働きかけていたことを評価していた。教師とボランティアチューターとの連携は十分であったとはいえないため，学習不振の子どものアシスト教室での様子について，教師が十分に理解していなかった可能性が考えられる。それにもかかわらず，学習不振の子どもへ

の働きかけが評価されていたことから，ボランティアチューターが学習不振の子どもに対応しているという事実だけで，教師にとっては有益であると感じたのかもしれない。もちろん学習不振の子どもについて，教師とボランティアチューターが密接な連携をとり，適切に学習不振を改善していくことが望ましいが，それが十分にできていなくとも教師の安心感が生まれるという効用があるのだろう。

Q2.「アシスト教室が効果的に働くには？」
・教科担当者としては，その教科において特に学習が遅れている生徒や自信のもてない生徒，苦手意識のある生徒にアシストをお願いしたいが，必ずしもそうはいかず，アシスト教室への参加が必要だと教師が思っても生徒はアシストを希望しない。
・アシスト教室の先生と学校の教科担当の教員とが密接かつ計画的に関わることが大切。生徒，アシストの先生，教員の三者の関係が効果的に機能するシステムと年間または，数年間を見通した学習計画が重要となる。
・学校でおこなうアシストであれば，教師と支援者が協議し，学習不振者個々の問題を協議し，まさに個別に対応の仕方を考えていく必要があると思う。しかしながら，なかなかそこまでの時間的保証がないというのが現実である。

　アシスト教室が効果的に働くには，やはり教師とボランティアチューターとの連携が不可欠という回答が多く得られた。そのために，教師とボランティアチューターの協議によって学習計画を立てるなどの方策を考える必要があるだろう。仮に，実際に会ってやりとりをする時間がないのであれば，学習の記録を交換日記のように教師とボランティアチューターが回覧するというやり方を取り入れるなどの工夫が必要である。また，教師からみて，アシスト教室におこなって欲しい子どもが参加を希望しないという問題も挙げられた。これは，授業の中に取り入れられた活動ではない，アシスト教室ならではの問題であるといえる。すなわち，授業とは違い，参加への強制力がないため，希望しない子どもを参加させるのは難しいところがある。一方で，強制しない活動に参加

しているということによって，自発的に頑張っているという感覚を生み出すことも考えられる。そのため，これらのバランスをうまく取りながら，参加して欲しい子どもをうまく参加させるやり方を考える必要があるのかもしれない。

Q3.「ボランティア活動に求める役割」
Q4.「その他」
・アシスト教室を組織して運営していくのは，教師側としては時間的に無理がある。
・文字どおりのアシストの機能。煩雑，多忙化の中にある学校現場からみて実質的な学習アシストの役割を期待。

　これらの回答からは，教師の多忙な現状と，それを改善するためのボランティア活動に対する期待がうかがわれる。その1つとして，今回の活動のような学習指導をおこなうことも重要な役割として考えられるかもしれない。

・学習カウンセリング機能を充実させたり，学習者の情意面を支える役割も同時に期待。
・先に述べた学習の遅れている生徒はそのような場でも積極的には参加しないと思うので，教師が「○○さん，○○さん，図書館でアシストに参加してください」と呼びかけて，アシストの講師に紹介するのがいいのではないか。
・自分の関心について意欲的にこうした制度を積極的に利用できるならば良いですが，生徒たちは自分の都合だけでこの取り組みを考えています。即ち，部活，学級の取り組みでそちらが優先すれば聞きにはいかない。

　先述の通り，個別学習指導の場合，普段の授業とは異なり，決まった場所に子どもとチューターが揃うことに対する強制がない。特に，ボランティアを活用した実践の場合，それが強いだろう。そのように考えた場合，個別学習指導をうまく活かすには，まずは学習指導の場に子どもが参加してくれるような体制作りが必要になる。これが，学習不振の子どものように，学習に対してあま

り動機づけられていない場合は特にそのような働きかけが必要であろう。個別学習指導においては、関係づくりと学習の援助の両面に目を向けて指導をおこなう必要がある。

まとめと今後の課題

　本章では、ボランティアチューターによる個別学習指導の実践である「個別学習アシスト教室」について、その活動の詳細を紹介し、活動に対する子どもや教師からの感想をもとに、アシスト教室の効果や問題点について検討をおこなった。子どもからは、アシスト教室の目標などについて改善を求める声はあったが、概ね良好な評価が得られた。例えば、アシスト教室に参加してから「勉強をするようになった」という回答が得られ、そこには「勉強へのやる気が高まった」「勉強が分かるようになった」という回答に示されるような変化が関連していたのではないかと考えられた。また、アシスト教室は「気軽に聞きやすい」という回答が得られ、そういった回答の背景には、「教師に対する気遣い」というものが存在することが示唆された。そのことから、学校の教師という立場とは異なるボランティアチューターが関わる有用性も考えられた。

　また、教師からは、学習不振の子どもに対する対応が評価された。一方で、現場の教師も多忙ではあるものの、ボランティアチューターと教師の連携をより密接にすることが必要であるという意見も寄せられた。そのため、多忙な教師とうまく連携ができるシステムの構築が重要であると考えられた。

　これらの結果や活動をもとに、個別学習指導の長所と改善点について検討をおこないたい。

　まず、個別学習指導で得られるもっとも大きなメリットは、やはり個別に対応ができるという点であろう。矢木ら（2002）および藤田ら（2002）では、アシスト教室における実践のケースレポートが報告されているが、そこではそれぞれの子どもとボランティアチューターとのペアで独自の学習活動がおこなわれていた様子がうかがわれる。また、子どもからの感想にもあったとおり、ペアがそれぞれ固定していることで、聞きたいことが安心して聞けるということもある。そして、1対1の活動により、子どもとボランティアチューターとの

間に密接な関係が生まれ，そのような関係が維持されて学習が促進するということもあるだろう。このように個別に対応できるという個別学習指導のメリットを生かして，ただ目の前にある学習課題を解決する以上の学習指導をおこなうことが可能になると思われる。例えば，ある教科や学習内容における問題解決方略や学習一般に対する効果的な学習方略の習得支援，自律的動機づけの習得支援などの高度な学習支援が可能となる。このような支援については一斉授業では難しいと考えられるため，個別学習指導場面においておこなうのが効果的であるといえるだろう。市川（1993，1998）がおこなっている認知カウンセリングでは，そのような側面への働きかけを個別指導場面の中でおこなっている事例が数多くあるが，個別指導場面では，子どもの学習方略や動機づけ状態についても，一人ひとりの特徴に合わせた働きかけができるため，より効果的に働きかけができるというメリットのあることが想定される。ただし，このような指導にはボランティアチューター側に専門性が求められるため，ボランティアチューターに対していかに専門性を確保させるかが新たな課題になるといえよう。

　また，ボランティアチューターが個別に対応することで，教師に一定の安心感を与える可能性も示唆された。今回の実践では連携をより深める必要性が指摘されたが，このような連携がより密接になれば，子どもへの対応を着実におこなうことができ，それを共有できることで，実のある安心感につながるであろう。

　一方で，個別学習指導の欠点はやはりコストの高さである。今回の活動では，10～20名弱のボランティアチューターが学習指導に関わったが，それでも参加を希望する子どもの数がボランティアチューター数を毎回上回った。実施側の人的コストの高さは1対1の個別指導ではどうしても避けることはできない。そのため，人的コストをかけることが必要な部分に絞って活動することが重要であると思われる。例えば，学習不振の子どもなど，授業についていけていない子どもに対象を絞って活動をおこなうことが考えられるだろう。そして，先述のように学習方略や動機づけの育成などの目的に焦点を絞り活動をおこなうことも考えられるだろう。

　また，今回の活動のようにボランティアチューターによる活動を考えた場合，

組織の管理・運営面の仕事量のコストもかかることになる。そのため、スムーズな実施には組織運営のみに携わるボランティアなども必要なのかもしれない。そして、学校場面での個別学習指導をおこなうためには、窓口となる教師の存在も不可欠である。

以上のように、個別学習指導は個々の子どもに応じた学習指導ができるという大きな長所があるが、一方でその実施には多くのコストがかかる。そのため、大きなコストに見合うだけの状況において実施することが有効なやり方といえる。そして、どのような状況において、どのような働きかけをおこなうのが個別学習指導の効果を最大限にするのかについて、今後さらなる研究の積み重ねをおこなっていくことが必要であると思われる。

中西良文（三重大学　教育学部）

謝辞：本実践を進めるにあたり、名古屋大学附属中・高等学校の矢木修先生、藤田高弘先生にご協力・ご支援をいただいた。また、名古屋大学教育発達科学研究科速水敏彦先生には、実践に対するご助言・ご示唆をいただいた。名古屋大学教育発達科学研究科の中島英貴さん（現所属：医療法人交正会精治寮病院）、小倉正義さん、加藤大樹さんには、コーディネートとして実践にご尽力いただいた。そして、ボランティアチューターとして名古屋大学教育学部・教育発達科学研究科の学生・大学院生の皆さんには、大変なご協力をいただいた。この場をお借りして御礼を申し上げる。

【文献】

安藤寿康・福永信義・倉八順子・須藤毅・中野隆司・鹿毛雅治　1992　英語教授法の比較研究—コミュニカティブアプローチと文法的アプローチ—　教育心理学研究, **40**, 247-256.

Cronbach, L. J.　1957　The two disciplines of scientific psychology. *American Psychologist*, **12**, 671-684.

藤田高広・中島英貴・中西良文・加藤大樹・駒井恵理子・小林香奈・西口利文・田中秀佳・中村藍子・藤本良子　2002　教科「中学2年生　英語」からみた個別学習アシスト教室の総括と展望　名古屋大学大学院教育発達科学研究科中等教育研究センター紀要, **2**, 65-80.

市川伸一編　1993　学習を支える認知カウンセリング—心理学と教育の新たな接点—　ブレーン出版

市川伸一編　1998　認知カウンセリングから見た学習の相談と指導　ブレーン出版

中西良文・中島英貴　2003　「個別学習アシスト教室」という新しい試み　名古屋大学教育学部附属中・高等学校編『新しい中等教育へのメッセージ』pp.141-146.　黎明書房

セリグマン, M.E.P.　平井久・木村駿監訳　1985　うつ病の行動学：学習性絶望感とは何か　誠信書房（Seligman, M.E.P.　1975　*Helplessness : On depression, development and death*. San Francisco : W. H. Freeman.）

土屋基規　1996　教職員の勤務条件と健康　子ども白書　日本子どもを守る会編　pp.120-123.　草土文化

矢木修・久利恭士・伊藤敏雄・布施光代・中西良文・石原正己・小倉正義・大賀梨紗・水谷絢子　2002　教科『中学1，2年　数学』からみた個別学習アシスト教室の総括と展望　名古屋大学大学院教育発達科学研究科中等教育研究センター紀要，**2**，51-63.

7 一人ひとりの学力を高める授業
―教師の4種類のサポートを中心として―

はじめに

　本章では，まず，授業における子どもの援助ニーズと教師のサポートに関する調査結果を紹介する。その結果をふまえ，学校心理学の視点から，教師の4種類のサポートを生かして，子ども相互の人間関係および教師と子どもの人間関係をつくり，学習意欲を高める授業のあり方を検討する。

子どもの「学習意欲の低下」「勉強離れ」

　今日，学校教育に関する問題として，「学力低下」問題が叫ばれている。文部科学省（2002）も，「確かな学力の向上のためのアピール『学びのすすめ』」によって，確かな学力の向上に力を入れている。
　さて，学校教育は，すべての子どもを対象としたヒューマン・サービスである（石隈,1999）。子ども一人ひとりは，一人の人間としての発達成長への可能性をもっている。子どもを内面から理解しながら関わり，一人ひとりのニーズに応じることができれば，成長への援助ができると考える。このことを基盤にして，学校心理学の理論（一人ひとりの援助ニーズに応じる心理教育的援助サービス）を生かした授業を実践することにより，教師と子ども及び子ども相互の人間関係が深まり，子どもが自分で課題を見つけ，自ら考え，自ら問題を解決していく資質や能力，豊かな人間性，そして，たくましい体と健康を培い，「生きる力」を育む指導・援助が可能になると考える（山口，2001）。

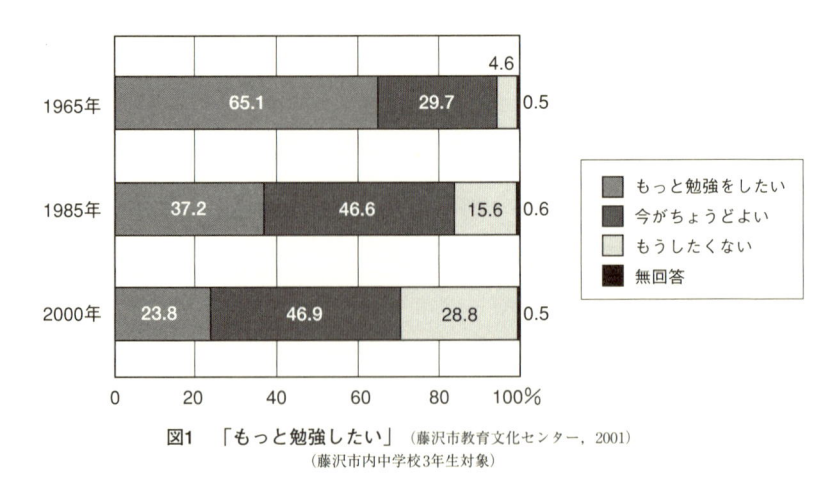

図1 「もっと勉強したい」（藤沢市教育文化センター，2001）
（藤沢市内中学校3年生対象）

1965年: もっと勉強をしたい 65.1／今がちょうどよい 29.7／もうしたくない 4.6／無回答 0.5
1985年: 37.2／46.6／15.6／0.6
2000年: 23.8／46.9／28.8／0.5

　ところで，「学力の低下」が叫ばれ，学力論争がさかんである。高久（2003）は，「学力とは何かのコンセンサスが十分得られていない上での論争である」と指摘する。本当に学力は低下しているのだろうか。
　この点に関連するものとして，学習意欲が低下しているという調査はある。藤沢市教育文化センター（2001）の調査によると，「もっと勉強したい」と答えた子どもの割合は，1965年は65.1％，1985年は37.2％，2000年は23.8％と減っている。反対に，「勉強はもうしたくない」と答えた子どもの割合は，1965年は4.6％，1985年は15.6％，2000年は28.8％と増えているのである（図1）。また，国際数学・理科教育動向調査2003（TIMSS 2003）によると，「数学の勉強への積極性－中学校2年生－」についての「高いレベル」の割合が日本の子どもは17％と国際平均55％よりもかなり低く，調査参加国46カ国中45位である（図2）。「理科の結果」についても，数学の結果とほぼ同様である。さらに，「学校外での一日の時間の過ごし方－中学校2年生－」の宿題をする時間は，日本が1.0時間であり，国際平均値の1.7時間よりかなり少なくなっており，調査参加国46カ国中最も少ない。なお，日本の子どもが国際平均値と比べより多くの時間を使っているのは，テレビやビデオを見る時間であり，2.7時間と46カ国中最も多く，国際平均値の1.9時間よりかなり多い（図3）。日本の子どもの勉強への積極性の低さ，ビデオやテレビに費やす時間

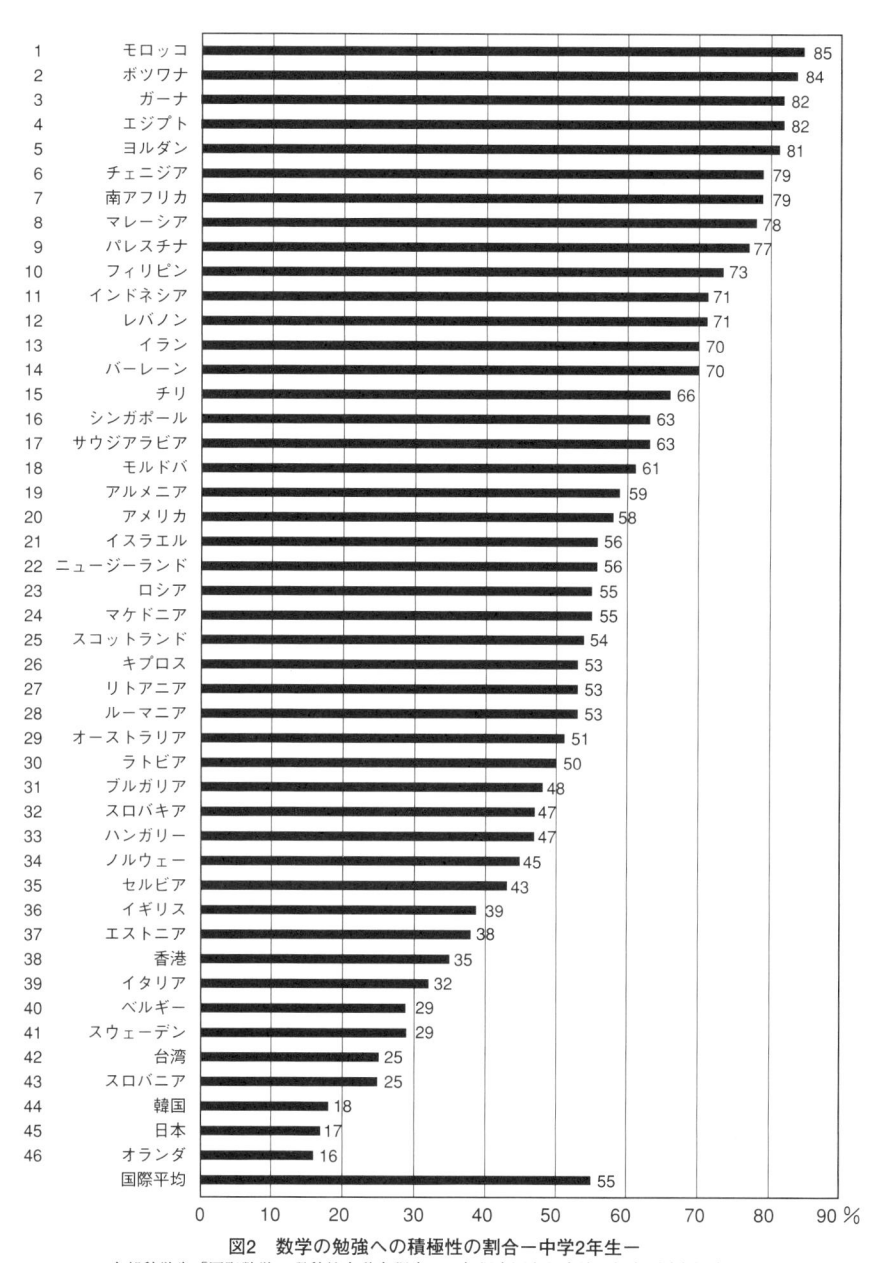

1	モロッコ	85
2	ボツワナ	84
3	ガーナ	82
4	エジプト	82
5	ヨルダン	81
6	チェニジア	79
7	南アフリカ	79
8	マレーシア	78
9	パレスチナ	77
10	フィリピン	73
11	インドネシア	71
12	レバノン	71
13	イラン	70
14	バーレーン	70
15	チリ	66
16	シンガポール	63
17	サウジアラビア	63
18	モルドバ	61
19	アルメニア	59
20	アメリカ	58
21	イスラエル	56
22	ニュージーランド	56
23	ロシア	55
24	マケドニア	55
25	スコットランド	54
26	キプロス	53
27	リトアニア	53
28	ルーマニア	53
29	オーストラリア	51
30	ラトビア	50
31	ブルガリア	48
32	スロバキア	47
33	ハンガリー	47
34	ノルウェー	45
35	セルビア	43
36	イギリス	39
37	エストニア	38
38	香港	35
39	イタリア	32
40	ベルギー	29
41	スウェーデン	29
42	台湾	25
43	スロバニア	25
44	韓国	18
45	日本	17
46	オランダ	16
	国際平均	55

図2　数学の勉強への積極性の割合－中学2年生－

文部科学省「国際数学・理科教育動向調査2003年調査国際調査結果報告（速報）」より

120 7 一人ひとりの学力を高める授業―教師の4種類のサポートを中心として―

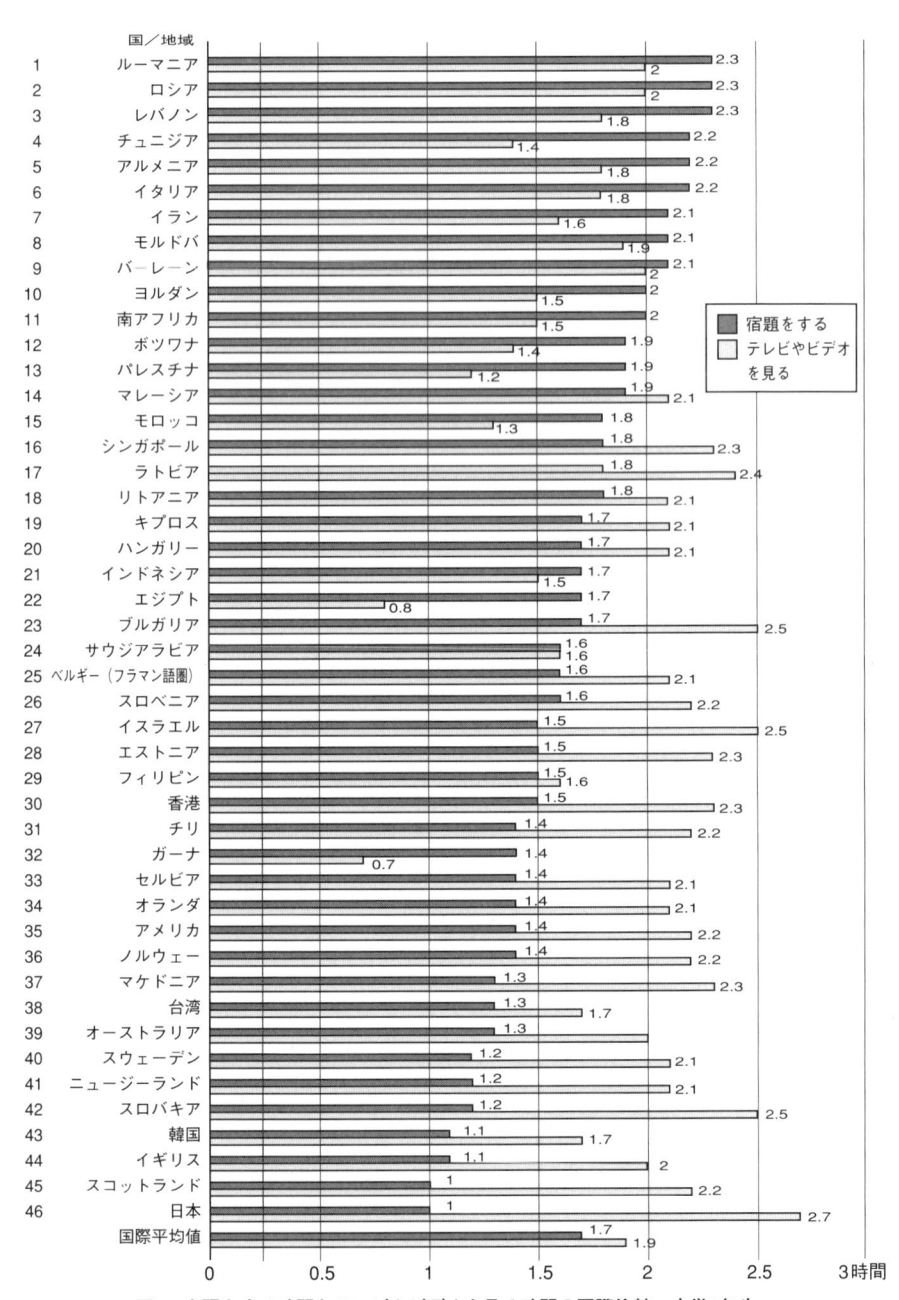

順位	国/地域	宿題をする	テレビやビデオを見る
1	ルーマニア	2.3	2
2	ロシア	2.3	2
3	レバノン	2.3	1.8
4	チュニジア	2.2	1.4
5	アルメニア	2.2	1.8
6	イタリア	2.2	1.8
7	イラン	2.1	1.6
8	モルドバ	2.1	1.9
9	バーレーン	2.1	2
10	ヨルダン	2	1.5
11	南アフリカ	2	1.5
12	ボツワナ	1.9	1.4
13	パレスチナ	1.9	1.2
14	マレーシア	1.9	2.1
15	モロッコ	1.8	1.3
16	シンガポール	1.8	2.3
17	ラトビア	1.8	2.4
18	リトアニア	1.8	2.1
19	キプロス	1.7	2.1
20	ハンガリー	1.7	2.1
21	インドネシア	1.7	1.5
22	エジプト	1.7	0.8
23	ブルガリア	1.7	2.5
24	サウジアラビア	1.6	1.6
25	ベルギー（フラマン語圏）	1.6	2.1
26	スロベニア	1.6	2.2
27	イスラエル	1.5	2.5
28	エストニア	1.5	2.3
29	フィリピン	1.5	1.6
30	香港	1.5	2.3
31	チリ	1.4	2.2
32	ガーナ	1.4	0.7
33	セルビア	1.4	2.1
34	オランダ	1.4	2.1
35	アメリカ	1.4	2.2
36	ノルウェー	1.4	2.2
37	マケドニア	1.3	2.3
38	台湾	1.3	1.7
39	オーストラリア	1.3	
40	スウェーデン	1.2	2.1
41	ニュージーランド	1.2	2.1
42	スロバキア	1.2	2.5
43	韓国	1.1	1.7
44	イギリス	1.1	2
45	スコットランド	1	2.2
46	日本	1	2.7
	国際平均値	1.7	1.9

図3 宿題をする時間とテレビやビデオを見る時間の国際比較―中学2年生―
文部科学省「国際数学・理科教育動向調査2003年調査国際調査結果報告（速報）」より

の多さは，日本の子どもの「学習意欲の低下」「勉強離れ」を示している。

なぜ，日本の子どもたちの「学習意欲の低下」「勉強離れ」が起きているのだろうか。この問題について，茨城県教育研修センター（2000）が実施した児童生徒相互の人間関係，教師と児童生徒の人間関係，学習意欲に関する調査研究（児童生徒と教師の２つの側面から見た）が示唆に富んでいるので，以下に紹介する。

茨城県教育研修センターの調査結果より

茨城県教育研修センター（2000）は，茨城県内の公立小学校（11校，1348名，4～6年生），公立中学校（8校，1164名，1～3年），県立高等学校（7校，832名，1～3年）の児童生徒及び教師（小学校393名，中学校297名，高等学校277名）を対象に調査をおこなった。調査時期は1998年8月～9月である。質問紙は，「中学・高校用学校モラールテスト（SMT）」（日本文化科学社，1984）を参考にし，小・中・高等学校の教師8名，指導主事3名，学校心理学の研究者2名で検討され，作成されたものが使用された。「児童生徒の認識」と「教師の配慮認識」とを比較するため，教師用と児童生徒用はほぼ同じ内容とされている。質問項目は，児童生徒相互の人間関係（6項目），教師と児童生徒の人間関係（6項目），学習意欲（6項目）の3領域であり，5件法で調査されている。

その結果，教師の配慮認識と子どもの認識の間にズレがあると報告されている。例えば，子ども相互の人間関係についてである。「子ども相互の関係がよくなるよう配慮している」と答えた教師の割合は，子どもが「子ども同士の関係がよい」と認識している割合よりも高くなっている（図4）。次に，教師と子どもの人間関係である。「教師と子どもの関係がよくなるよう配慮している」と答えた教師の割合は，子どもが「教師との関係がよい」と認識している割合よりきわめて高い（図5）。また，学習意欲についてである。「学習意欲を高めようと配慮している」と認識している教師の割合に比べ，「意欲的に学習している」と答えた子どもの割合はとても低い。例えば，小学校において，「子どもが意欲的に学習に取り組むよう配慮している」と答えた教師の割合は56.0％

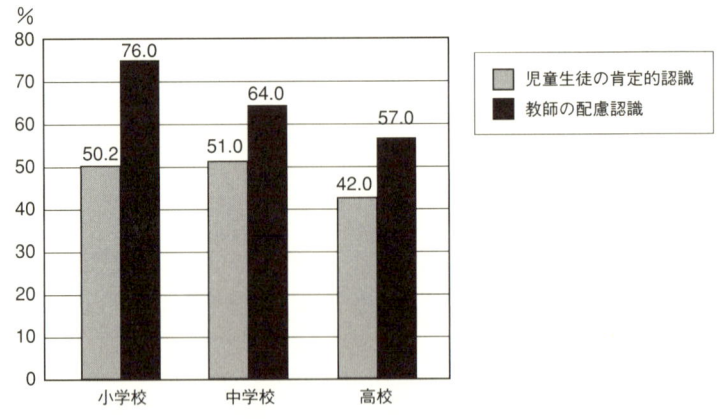

122　7　一人ひとりの学力を高める授業─教師の4種類のサポートを中心として─

```
図4  児童生徒相互の人間関係（茨城県教育研修センター，2000）
```

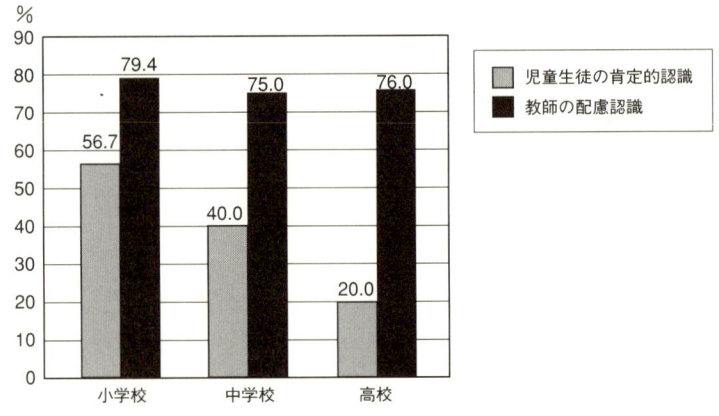

小学校：児童生徒の肯定的認識 50.2％、教師の配慮認識 76.0％
中学校：児童生徒の肯定的認識 51.0％、教師の配慮認識 64.0％
高校：児童生徒の肯定的認識 42.0％、教師の配慮認識 57.0％

```
図5  教師・児童生徒の人間関係（茨城県教育研修センター，2000）
```

小学校：児童生徒の肯定的認識 56.7％、教師の配慮認識 79.4％
中学校：児童生徒の肯定的認識 40.0％、教師の配慮認識 75.0％
高校：児童生徒の肯定的認識 20.0％、教師の配慮認識 76.0％

であるのに対し，「意欲的に学習している」と答えた小学生の割合は34.4％である。また，中学校においては，「配慮している」と答えた教師の割合は51.0％であるのに対して，「意欲的に学習している」と答えた中学生の割合は28.0％である。さらに，高等学校では，配慮している教師57.0％に対して，意欲的に学習している高校生の割合は15.0％となっている（図6）。

　つまり，教師が「子ども相互の人間関係がよくなるように配慮している」「教師と子どもの人間関係がよくなるように配慮している」「学習意欲を高める

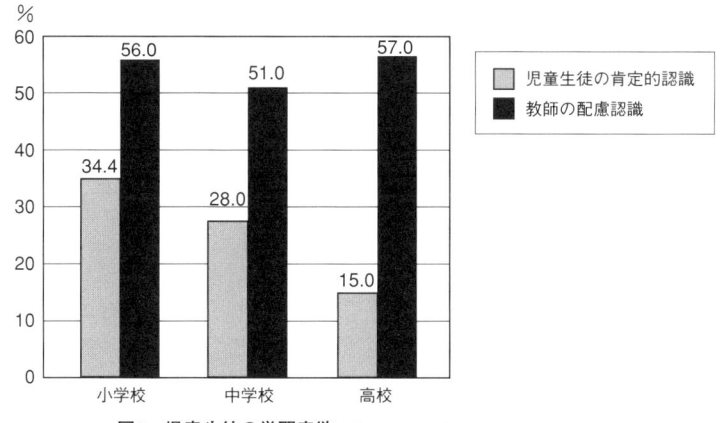

図6 児童生徒の学習意欲 (茨城県教育研修センター，2000)

小学校: 児童生徒の肯定的認識 34.4、教師の配慮認識 56.0
中学校: 児童生徒の肯定的認識 28.0、教師の配慮認識 51.0
高校: 児童生徒の肯定的認識 15.0、教師の配慮認識 57.0

ように配慮している」と認識している割合と，子どもがそれぞれを肯定的に認識している割合との間には大きなズレがある。教師が配慮している割には，子どもはお互いに人間関係がそれほどよいと認識してないし，教師との関係もよいと認識していない。そして，教師が配慮していると認識している割には，子どもは意欲的に学習に取り組んでいないことが分かる。その傾向は，校種が進むに従って顕著である。

この茨城県教育研修センターの調査結果は，教師の授業における様々な働きかけ（サポート）が有効に機能していないこと，子どものニーズに合っていないことを示唆している。

教師は，授業における子どものニーズを的確に把握し，そのニーズにあったサポートをすることが求められる。それが，人間関係の深まりや学習意欲の向上，そして学力が身につくことにつながると考えられる。つまり，田上（1999）が行動論の立場から提唱する「折り合い」を授業場面でよくすることにより，子どもの学習意欲が高まると考えられる。次に，「折り合い論」について説明する。

子どもと学習の折り合い

学校心理学においては，個人としての子どもを見ると同時に，環境の中にい

る子どもを見る。つまり，人間の行動は，個人の要因と環境の要因の相互作用であるという生態学的モデルを重視する（石隈，1999）。そして，子どもと環境が適合した状況になったとき，子どもの学習課題への取り組みが期待される。子どもと環境の適合がうまくいかないとき，子どもの学習意欲は低下し，学力は低下すると考えられる。

　子どもと環境の適合を理解する際，田上（1999）が行動論の立場から提供する「子どもと環境の折り合い」という概念が有用である。この折り合いの考え方をもとに，学習の意味を見出せないでいる子どもには，環境の関わりによって，行動変容を期待する。田上の「折り合い論」を参考に，学習活動を考えると，子どもが学習活動と折り合っているとは，子どもが，①学習の意味を見出している，②学習に楽しく取り組んでいる，③よい人間関係があり，お互いに助け合って学習している状況にある，ということになる（山口・石隈，2005）。つまり，よい人間関係の中で，学習の意味を見出しながら，楽しく学習しているという状況である。人は関係によって変わるといわれるように，教師や友人との関係，さらには学級の雰囲気や人間関係が，子どもの学習に与える影響は大きいと思われる。「学級では，学級担任と児童生徒との人間関係が基盤となって，学級の雰囲気がつくられる。とりわけ教師の関わり方は児童生徒との間に共感的な関係をつくり，信頼へとつながっていく。このような共感的関係の中で，児童生徒は助け合い，協力し合い，問題を解決したり，考えを深め合ったりすることができるようになる」（茨城県教育研修センター，2000）。

　そこで，教師が一人ひとりの子どもと，どのような関係をもとうと努力するか，つまりどのようなサポートをするかが課題となってくる。子どもは，様々なニーズをもっている。例えば「先生に認められたい」「問題解決のための情報が欲しい」「個々に教えてもらいたい」「学習についてフィードバックしてもらいたい」などである。

　人間関係は相互関係である。子どもの視点に立って，教師からの関わり方を工夫する必要がある。そして，子どもの強いところ（学校心理学では自助資源という）や小さな努力や工夫，成長などに目を向けて関わろうとすることも同時に求められる。このような子どものニーズに応じた援助活動によって，子ども相互および教師と子どもの人間関係が深まると考えられる。人間関係が深ま

ることによって，学級の雰囲気がよくなり，子どもの思考や表現活動が活発に展開され，さらに意欲的な学習活動が展開されるようになると考えられる。

　子どもと学習の折り合いをよくするためには，子どものニーズに応じた教師の援助活動がポイントであることを述べてきた。この教師の援助活動（サポート）を考える枠組みとして，学校心理学が提供する「4種類のサポート」が有用であるだろう。

授業における教師の4種類のサポート

　教師の子どもに対する援助活動は，一人ひとりの子どもの学習を成立させていくうえで根幹をなすものである。そこで，授業の中で子どもと学習の「折り合い」がよりよくなるような援助活動として，子どもに対する教師の4種類のサポートを考えてみる。

　この4種類のサポートは，カウンセリングにおける3種類の人間関係，「Being-In，Being-For，Being-With」（石隈,1999）の中の，Being-For（味方になる）の領域における具体的な援助活動であり，「援助者が児童生徒のために存在する」（石隈，1999）という意味である。つまり，子どもが学校生活の中で出会う問題状況の解決を，教師は味方となって援助するということである。そして，Being-For（味方になる）の援助は，次の4種類のサポートで整理される（石隈，1999）。これは，教師が子どもに「何を」提供するかという教師の行動による分類であり，情緒的サポート，情報的サポート，評価的サポート，道具的サポートである。以下，これらの4種類のサポートについて説明する（山口・石隈，2005）。

(1) 情緒的サポート

　教師が味方としてそばにいることで，子どもを安心させ勇気づける。それは，子どもが伸び伸びと積極的に活動することにつながる。情緒的サポートの例として，教師が共感的に情緒的な声かけをする（「大丈夫だよ」「気持ちはすぐれているの」），子どもの発言や発表を傾聴する，一人ひとりの活動を認める（「よくやったね」「ありがとう」）などがある。情緒的なサポートを心がけて授

業をおこなっていけば，子どもは，学習活動に意欲的・積極的に取り組むようになると考えられる。

(2) 情報的サポート

　子どもの学習場面などで必要とする情報を提供することである。子どもの知りたい情報を正確に把握し，必要に応じて提供することが学習意欲を高めると考えられる。教師は，何度も同じつまずきを繰り返したり，学習が不十分だったり，助言を求めてきたりする子どもに対して，必要とする情報を提供することが大切である。教師が授業中にニーズに応じた情報提供をおこなうことで，一人ひとりの学習に深まりが期待できる。

　例えば，「つまずいているときヒントを出す」「学習の仕方を教える」「ていねいに説明する」などは情報的サポートである。

(3) 評価的サポート

　子どもが学習行動をおこなったならば，それが正しい活動であったかどうか，教師の側からフィードバックをする必要がある。行動のどこが優れているのか，どこに間違いがあるのかなどについて，教師が子どもに知らせることによって，子どもはそれを手がかりとして自分自身で活動を修正したり，発展させたりできるようになる。留意すべきは，教師の評価の対象は子どもの活動であり，子ども自身の性格や人格ではないということである。評価的サポートとして授業でよく使われているのは，「君の発表は分かりやすい」「ノートのまとめ方がうまい」などである。

(4) 道具的サポート

　子どもに対する具体的な実際的な支援のことである。それぞれの活動場面において，子どもの思考を支える教具としての観察カード，ヒントカード，補助プリント，練習カードなどの提供，また，学習形態，座席，個別指導の時間をとるなども道具的サポートである。道具的なサポートをすることにより，子どもは「先生は私の気持ちをよく理解してくれる」「やってみよう」「大丈夫だ」「自分でもできるかな」などと感じ取り，授業に意欲的・積極的に取り組むよ

うになると考えられる。

　以上，4種類のサポートについて述べてきたが，重要なことは，子どもがどのようなサポートを求めているのかを教師が十分把握しておくことである（山口・石隈，2005）。例えば，「子どもはいつでも自分の全体を温かく包んでくれること（情緒的）を望んでいるわけではない。あるときにはこれはうっとうしいものである。きちんとした情報だけを得て（情報的）失敗しても自分でやってみたいときもある」（大野，1995）のである。

子どもが求めるサポートと教師が使うサポート

　教師が子ども一人ひとりの援助ニーズに応じるためには，子どもの援助ニーズがどのようなものであるか適切に把握する必要がある。そのために，授業における「4種類のサポート」の実態を，子どもと教師との二側面から明らかにする必要がある。

　ここでは，前述の調査と同時に実施された茨城県教育研修センター（2000）の調査が示唆に富んでいるので以下に紹介する。

　この調査は，授業における教師の4種類のサポートの実態調査を目的におこなわれたものである。「児童生徒用質問紙」では，「授業の進め方や態度で『いいな』と思ったこと」「授業の進め方や態度で『いやだな』と思ったこと」「授業について思っていること」が自由記述でたずねられている。また，「教師用質問紙」では，授業の中で「子ども相互の人間関係をつくる」「教師と子どもの人間関係をつくる」「子どもの学習意欲を高める」ための配慮や工夫が自由記述でたずねられている。

　「子どもの授業に関する自由記述の結果」は以下のようにまとめられる。図7のように小学校のこどもが「いいな」ともっとも多く支持しているのは，「グループ学習をすること」「授業の中で実験や作業をさせてくれる」などの道具的サポート（30.1％）である。次が，「分からないところを詳しく教えてくれる」「分かるまで，何度も繰り返し教えてくれる」などの情報的サポート（23.6％）である。次が，「親切にしてくれる」「明るく楽しい」などの情緒的

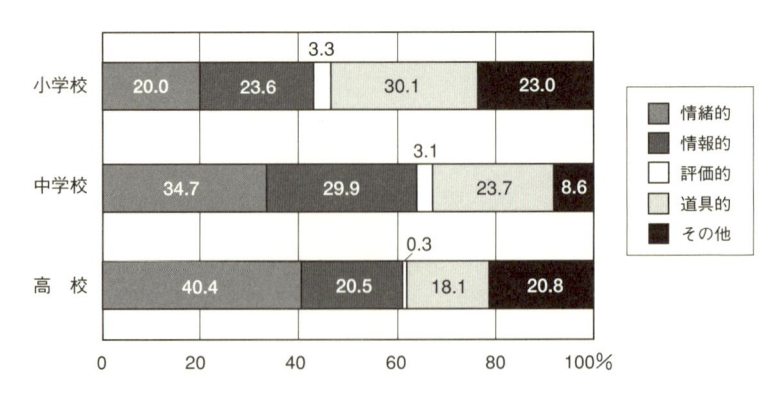

	情緒的	情報的	評価的	道具的	その他
小学校	20.0	23.6	3.3	30.1	23.0
中学校	34.7	29.9	3.1	23.7	8.6
高 校	40.4	20.5	0.3	18.1	20.8

図7 授業における『いいな』と思うサポート（児童生徒による回答）
（茨城県教育研修センター，2000）

サポート（20.0％）である。

　一方，中学生が「いいな」ともっとも多く支持しているのは，「楽しい雰囲気作りをしてくれる」「生徒の意見をていねいに聞いてくれる」などの情緒的サポート（34.7％）である。次に支持しているのは，「分かるように教えてくれる」「質問すると詳しく教えてくれる」などの情報的サポート（29.9％）である。次は，「ゲーム的な活動を取り入れた授業をしてくれる」「グループ学習をしてくれる」などの道具的サポート（23.7％）である。

　また，高校生がもっとも支持しているのは，「授業の雰囲気を和ませてくれる」「親切に接してくれる」などの情緒的サポート（40.4％）である。次に支持しているのは，「分からないところを質問すると，詳しく教えてくれる」「興味ある話をおりまぜながら授業をしてくれる」などの情報的サポート（20.5％）である。次は，「資料やプリント，マンガを使って勉強してくれる」「グループ学習をしてくれる」などの道具的サポート（18.1％）である。

　いずれの校種においても評価的サポートの記述が少ない。小学校（3.3％），中学校（3.1％），高等学校（0.3％）である。これは，教師の援助活動として適切な評価的なサポートがなされていないことによるものと考えられる。

　以上のことから，小学生は授業において道具的サポートを中心に求めており，次に情報的サポートを求めている。また，中学生においては，情緒的サポート中心に求めており，次に情報的サポートを求めている。高校生は，情緒的サポ

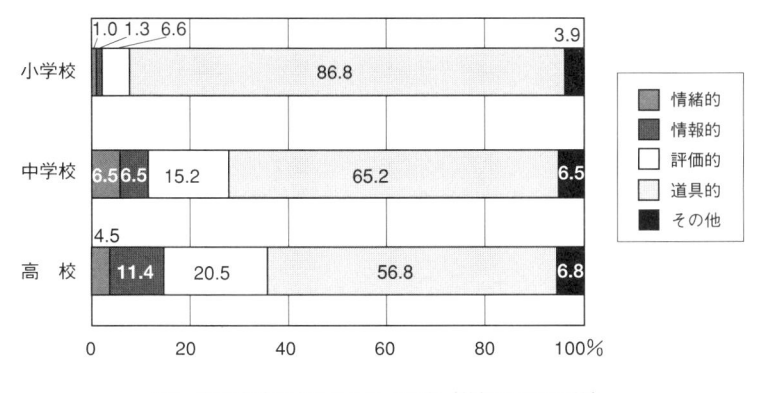

図8 学習意欲を高めるための配慮（教師による回答）
（茨城県教育研修センター, 2000）

ートを中心に求めている。次に, 情報的サポートを求めている。校種が進むにつれて, 情緒的サポートが特に重要になってくることが明らかにされている。さて, 教師はこのような子どものニーズに応じたサポートを使っているのだろうか。次に, 教師の使うサポートの実態を見てみる。

「教師の授業における学習意欲を高めるための配慮に関する自由記述の結果」は以下のようにまとめられている（茨城県教育研修センター, 2000）。図8のように,「学習意欲の向上のための配慮」を, 校種ごとに見る。小学校教師においては,「活動計画, 教材などの工夫をする」「視聴覚機器の活用をする」などの道具的サポート（86.8％）である。次に,「ノートに朱書きを入れる」「シールなどを活用しながら認める」などの評価的サポート（6.6％）である。中学校教師においては,「導入時の工夫（演示実験）をする」,「ビデオなどの視聴覚機器を活用する」などの道具的サポート（65.2％）である。次に,「小さな目標を設定させ『できた』という喜びを味わわせる」などの評価的サポート（15.2％）である。また, 高校教師においては,「学習プリントを活用する」「新聞やインターネットの活用をする」などの道具的サポート（56.8％）である。次に,「スモールステップを設定し, 達成した状態を評価する」「ノートの点検やコメントをする」などの評価的サポート（20.5％）である。

つまり, 学習意欲を高めるための援助活動として, 道具的サポートをおこなっている教師が多く, この傾向は校種が低いほど顕著である。また, 評価的サ

ポートを使おうとする教師が意外と多い。校種が上がるほどその傾向が高くなる。

　以上，授業における子どもの求めているサポートと教師が学習意欲を高めるために使うサポートの実態をみてきた。小学生は，「グループ学習」などの道具的サポートを中心的に求めていた。中学生及び高校生は，「楽しい雰囲気作りをしてくれる」などの情緒的サポートを求めていた。また，「よく教えてくれる」などの情報的サポートを求めている割合も高かった。けれども，小学校，中学校，高等学校の教師が使うサポートは，「視聴覚機器の活用をする」などの道具的サポートが中心であり，情緒的サポートの割合はとても少なかった。さらに，子どもの記述では，とても少ない評価的サポートが，教師のサポートでは意外と多かった。これは，先述のように，教師の使う評価的サポートが適切に使われていない，うまく機能していないことがうかがわれる。

　すなわち，子どもが求めているサポートと教師が使うサポートの間に大きな「ズレ」があることがうかがわれる。教師は，授業においてよりよい人間関係をつくり，子どもの学習意欲を高めるために，子どものニーズに応じた援助活動をおこなうこと，積極的に言い換えれば，「4種類のサポート」を子どものニーズに応じて，バランスよく使うことが求められるといえる（山口・石隈，2005）。

授業実践

(1) 目　　的

　教師が授業の中で子ども一人ひとりの援助ニーズに応じた4種類のサポートをバランスよく実践することで，児童の学習意欲，教師と児童の人間関係を高める。

(2) 方　　法

　小学校4年生の授業実践を観察及び授業結果から分析する。その際，学校心理学の4種類のサポートの視点から分析する。

(3) 実　　践

pp.132 〜 135 に，指導案の内容を示す。

(4) 考　　察

　教師の4種類のサポートが，子ども相互の人間関係づくり，教師と子どもの人間関係づくり，学習意欲の向上に有効であるということが明らかにされている（山口，2001）。

　そこで，子どものニーズに応じた教師の4種類のサポートにより，子どもは安心感を得られ，教師と子どもの人間関係，子ども相互の関係も深まり，学習に対する取り組み方が積極的になると考えられる。つまり教師が子どもの援助ニーズを的確に把握し，その援助ニーズに応じて4種類のサポートを積極的に取り入れることで，授業において人間関係がさらによくなり，子どもは授業を楽しみに待ったり，学習に意欲的に取り組むようになると考え，「教師の子どもへのサポート」を配慮した指導案をつくり実践した。

　その結果，子どもは算数の「分数」の学習に意欲的に取り組んでいた。グループ学習（道具的サポート）の中で，教え合っている子ども，積極的に発表している子どもが多かった。具体物の操作（道具的サポート）を通して，分数の意味に気づいている子どもが多かった。また，気づいたことをまとめるような声かけ（情報的サポート）で学習を進めている子どももいた。また，音楽を流しての雰囲気作り（情緒的サポート）で安心して授業に取りかかっていた。ゲーム活動を賞賛したり，修正してあげたり（評価的サポート）することで学習をさらに進めている子どももいた。教師の4種類のサポートを適切に使うことで，子どもは意欲的に学習に取り組んでいたと考えられる。

　図9は，「授業前」と「授業後」のアンケート調査の結果である（5件法の「はい」「まあまあ」と答えた割合）。「友人と助け合って勉強できる」と答えた子どもは，授業前が48.5％であったが，授業後には84.4％と増えている。「友人に親しみを感じる」と答えた子どもは，授業前が54.5％であったが授業後には71.9％と増えている。また，「先生に親しみを感じる」と「勉強に積極的に取り組める」の項目も増えている。しかし，「先生は話を聞いてくれる」の項目はあまり増えていない。そして，「勉強は大切だと思う」の項目では，授業

第4学年2組　算数科学習指導案

指導者 小沼久美子

1. 単　　元
   分数

2. 目　　標
   ○ 分数を用いると，等分してできる部分の大きさや端数部分の大きさなどを表すことができるよさに気づき，生活に生かそうとする意識をもつ（関心・意欲・態度①）
   ○ 分数は単位量を何等分かした1個分を単位として，その何個分かで表せることが説明できる（数学的な考え方②）
   ○ 単位量を満たない端数部分の大きさについて分数を用いて表したり，仮分数と帯分数を相互交換したりできる（表現・処理③）
   ○ 真分数，仮分数，帯分数について知り，それらを用いて表した量や数を数直線上に表したり，表された量や数の大きさを捉えたりすることができる（知識・理解④）

3. 指導にあたって
   本単元のねらいは，分数の意味とその表し方について理解できるようにすることである。扱う分数の意味は $\frac{2}{3}$ を例として

   ・3等分したものの二つ分の大きさを表す（分割分数）
   ・$\frac{2}{3}$ L，$\frac{2}{3}$ mのように測定したときの量の2倍の大きさを表す（量分数）
   ・1を3等分したもの（$\frac{1}{3}$）を単位にした2倍の大きさを表す（単位としての分数）

   である。これらの学習が第5学年での大きさの等しい分数，同分母分数の大小比較・加法・減法の学習へとつながっていくことになる。児童は，これまでの学習で，長さやかさの測定を通して数値と単位について学習している。また，端数部分の大きさを表すものとして，$\frac{1}{10}$ のくらいの小数について学習している。日常生活においても，ある大きさを半分にわけたり $\frac{1}{4}$ に分けたりする経験をしており，それらの学習，経験が本単元の学習に生かされるものと思われる。指導にあたっては，子どもが学習の見通しもち，主体的に課題に取り組むことができるよう以下の手だてをとりたい。

   ・単元の導入では，ゲーム的な活動から課題を見つけ大まかな学習計画を立てることにより，主体的に課題に取り組もうとする子どもの意識を育てたい。また基礎・基本の内容と発展的内容についての意識づけを図りたい。
   ・グループ，個人，全体などの学習形態を工夫することにより，各単位時間の目標や内容に応じた活動ができるようにする。
   ・作業的活動，体験的活動，具体物を用いた活動を取り入れることにより，楽しみながら課題に取り組むことができるようにする。
   ・4種類のサポート（情緒的，情報的，評価的，道具的サポート）を取り入れることにより，子ども一人ひとりの援助ニーズに応えられるようにする。

```
事前調査  36名  11月21日実施  （複数回答）

1. どんな学習形態が好きか
     グループで    23人    全員で    10人
     2～3人で     18人    一人で     9人
2. どんなときやる気が出るか
     丸をもらったとき        32人
     道具を使って学習するとき    30人
     ゲームで学習するとき      29人
     分かりやすく説明してもらう   26人
     分からないときに教えてもらう  26人
     グループで学習するとき     25人
     ほめられたとき         23人
     練習問題が多いとき       18人
     ヒントカードを使うとき     17人
3. $\frac{1}{2}$, $\frac{1}{3}$を分数と知っている    18人
4. 正方形を4つに分ける
     3とおりできた    23人
     2とおりできた     5人
     1とおりできた     3人
     無答          5人
```

4. 指導計画（13時間取り扱い）

    第一次　　　「分数」の学習計画を立てる----------------------------1時間

学習のねらい	評価基準			
	関心・意欲・態度	数学的な考え方	表現・処理	知識・理解
ゲーム的な活動を通して気づいたことをもとに「分数」の大まかな学習計画を立てる	楽しみながらゲームに取り組み，分数の意味に気づく			

    第二次　　　分けた大きさ--3時間
    第三次　　　分数の大きさ--4時間
    第四次　　　まとめよう--5時間

5. 展開

学習内容・活動

1 本時の学習課題をつかむ。

　　　発見しよう　分数のひみつ

2 ゲームに取り組み、活動から気づいたことをまとめる。

　A　パターンブロック
　　・じゃんけんをする
　　・勝った方がブロックをもらう
　　　ぐー緑　ちょき　青　ぱー赤
　　（緑1/3、青1/6、赤1/2の大きさ）

　　　〔組み合わせると同じ大きさのブロックがある〕

　B　おり紙
　　・じゃんけんをする
　　・勝った方が下書きしてある絵の大きさに合わせており紙を切り、はる
　　（絵はおり紙を1/2、1/4などに切った形を使って下描きをしておく）

　　　〔丸や四角、いろんな形を下絵に合わせて分けられたよ〕

　C　紙テープ
　　　〔同じ1/2でも単位が違うと長さが違うね〕
　　・じゃんけんをする
　　・勝った方がカードを引く
　　・指定された長さを切ってつなげる

　D　フラクションタイルズ
　　　〔分けた数（分母）が違う分数も、あわせることができるんだね〕
　　・じゃんけんをする
　　・勝った方がカードを引いて、もとの大きさを決める
　　・同じ大きさになるようにタイルをならべる
　　（分母の違う分数を合わせてもよい）

3 気づきをもとに話し合い、学習計画を立てる。

　　ア　おり紙グループから　　　　　　　→　いろんな大きさの分数を作ろう
　　イ　紙テープグループから　　　　　　→　水やテープも分数で表してみよう
　　ウ　フラクションタイルズグループから　→　分数も足せるんだね
　　エ　パターンブロックグループから　　　→　同じ大きさになる分数を探そう
　　　　　　　　　　　　　　　　　　　（ア・イは基礎的なもの、ウ・エは発展的なもの）

4 自分の活動をふり返る。

（※展開部分）

6. 評価

楽しみながら、ゲームに取り組み、「分数」の意味に気づく（観察）

教師の子どもへのサポート	
道具的サポート・情報的サポート	情緒的サポート・評価的サポート
・二人一組となり，自分の使いたい道具で課題に取り組むようにすることで意欲の喚起を図る（道具）	・道具を紹介する場では曲を流し，ゲームに取り組む準備をしているという雰囲気作りをする（情緒）
・だれも知らない秘密を見つけることを知らせ，興味・関心をもてるようにする（情報）	・初めての学習に安心して取り組めるように雰囲気を和らげる（情緒）
・道具を使って「分数」＝「分けること」という確認をする（情報） ・ゲームの仕方をまとめたカードを用意し，自分たちでスムーズに取り組むことができるようにする（道具）	・ゲームに取り組んでいる様子を観察したり，賞賛したり，助言したり，修正したりする（評価）
・ゲームが終わった子どもには，ゲームを通して気づいたことをまとめるように声をかける（情報） ・まとめ方でとまどっている子どもには，ヒントカードの部分を開いて取り組むように声をかける（情報） ・話し合いの場では，具体物などを用い提示の仕方を工夫することで，ほかのグループの取り組みを理解できるようにする（道具）	・気づいたことをまとめる場では自分なりに発見をした子どもを賞賛する（評価） ・話合いの中では，発表する子どもや発表に抵抗がある児童の支援に努める（情緒） ・「振り返りカード」の形式を工夫し，抵抗なく記入できるように配慮する（情緒）
・「ふり返りカード」を記入する場では，よいことを多く見つけるように声をかける（情報） ・「ふり返りカード」には観点を示した部分と自由記述，相互評価の部分を用意する（道具）	

については，田中，2003，『使える算数的表現法を育てる授業』pp.85-93 東洋館出版を参考に作成）

図9 授業前と授業後の比較

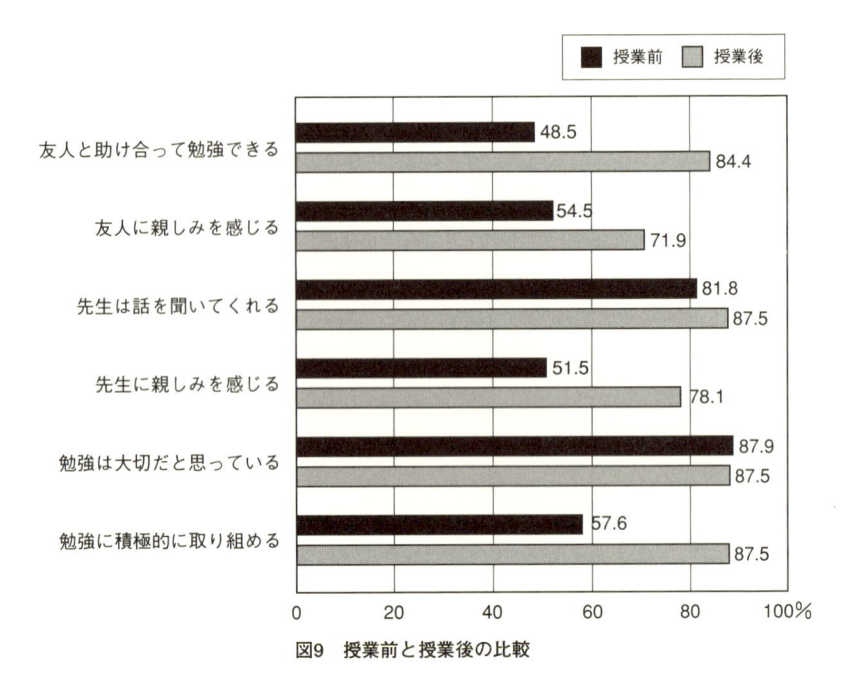

項目	授業前	授業後
友人と助け合って勉強できる	48.5	84.4
友人に親しみを感じる	54.5	71.9
先生は話を聞いてくれる	81.8	87.5
先生に親しみを感じる	51.5	78.1
勉強は大切だと思っている	87.9	87.5
勉強に積極的に取り組める	57.6	87.5

前より授業後がやや減っている。本授業が「分数」の導入で，グループにおける活動が中心であり，じっくり話を聞いたり，説明したりするような場面が少なかったため，このような結果が出たと考えられる。

さらに，実践を通して，教師のサポートを4種類に分類することが困難であり，「道具的・情報的サポート」「情緒的・評価的サポート」の2種類のサポートに分類しやすいことが確認された。これは，前者で例を述べると，ヒントカードを児童に渡す（道具的サポート）とき「これのここを参考にするといいよ」のように助言（情報的サポート）も同時に与えるのが通常だからである。また，後者についていえば，「きみの発表は図が使ってあってとても分かりやすいね」とフィードバックする（評価的サポート）と，それは同時に，児童の活動をほめたり，認めたりすることになり，情緒的サポートもおこなっているという結果になるということである（山口，2001）。

山口豊一（跡見学園女子大学　文学部）
実践協力者　公立小学校教諭　小沼久美子先生

【文献】

藤沢市教育文化センター　2001　「学習意識調査」―藤沢市立中学校3年生・35年間の比較研究－

茨城県教育研修センター教育相談課　2000　教育相談の研究第10集（研究報告書）

石隈利紀　1999　学校心理学－教師・スクールカウンセラー・保護者のチームによる心理教育的援助サービス　誠信書房

文部科学省　2002　確かな学力の向上のためのアピール　「学びのすすめ」

文部科学省　2004　国際数学・理科教育動向調査の2003年調査（TIMSS2003）国際調査結果報告(速報)　http://www.mext.go.jp/b-menu/houdou.htm（2004年12月）

文部科学省　2005　小学校算数・中学校数学・高等学校数学　指導資料―PISA2003（数学的リテラシー）及びTIMSS2003（算数・数学）結果の分析と指導改善の方向―

文部科学省　2005　小学校理科・中学校理科・高等学校理科　指導資料―PISA2003（科学的リテラシー）及びTIMSS2003（理科）結果の分析と指導改善の方向―

大野精一　1995　学校教育相談の領域と方法　高校教育展望10月号　小学館

田上不二夫　1999　実践スクールカウンセリング　金子書房，p.8.

高久清吉　2003　学力問題を哲学する―陰山英男著『本当の学力をつける本』を読む―　教育実践学研究 No.7, 1-11.

田中博史　2003　使える算数的表現法を育てる授業　東洋館出版社，pp.85-93.

山口豊一　2001　小学校の授業に関する学校心理学的研究―授業における教師の4種類のサポートを中心として―　学校心理学研究 No.1., 3-10.

山口豊一編著・石隈利紀監修　2005　学校心理学が変える新しい生徒指導――人ひとりの援助ニーズに応じたサポートをめざして―　学事出版

8

大学の授業改善と
当日ブリーフレポート方式

はじめに

　講義室での私語や遅刻，携帯電話のマナー違反。こうした問題に関しては，高校と大学との間に壁が存在しない。つまり，今日の高等教育がかかえている諸問題は，中等教育とも連続している。大学の教員も，対策に頭を悩ませている。そして，授業の改善・改革に向けて，学生による授業評価や授業公開など，様々な試みが進められている。これらの多くは，幅広く中等教育においても応用できる方法である。しかし，有用な改善策のほうは，校種間の壁に阻まれて，残念ながら意外に知られていない。

　本章ではまず，前半で大学での授業改革の動向を示す。続いて後半では，講義の具体的な改善策として，授業内でレポート執筆を課す「BRD方式」を紹介する。

大学での授業改革

(1) ファカルティ・ディベロップメント（FD）の進展

　日本の大学教員は，教員としてよりも，研究者としての志向が強いといわれてきた。一方，アメリカの大学教員は，教育志向だと回答する人の比率が高い（須田，1989）。しかし，日本の大学・短大への進学率は52.3％[注1]に達して

(注1) 文部科学省，平成18年度学校基本調査（速報）による。過年度率を含む。

いる。一握りのエリートを対象としていた時代は過ぎ去った。大学は，すっかり大衆化したのである。一方，社会の少子高齢化が進んでいる。こんな中，高等教育においても教育を重視すべきだという認識が高まってきた。そして全国の大学は現在，FD（Faculty Development：教員の資質向上活動）を積極的に進めている。

中でも，学生による授業評価は注目を集めている。授業評価には根強い反対論もあるものの，ほぼ定着しつつある状況だといえるであろう（宇田ら，2000）。この結果をただちに人事考課に用いる例はまれである。とはいえ，授業に無頓着であっても大学教員が務められる時代は，過ぎ去ろうとしている。アカウンタビリティ（説明責任）の厳しく問われる時代である。教員には，いつ誰に見られても恥ずかしくない授業をする責任がある。

様々な分野の学者が集まって，授業方法の検討をおこなう試みも始まっている。各大学ではそれぞれ，FDの研修会をおこなったり，互いの授業を見学するなどの工夫をするようになった。また，大学教育を正面から研究対象とする新たな学会も誕生している。例えば，大学教育学会（1997年に一般教育学会から改称）や，日本高等教育学会などがこれに当たる。

広島大学は，1970年代に既に，広島大学高等教育研究開発センターを設置していた。さらに近年，法人化された主要国立大学は，高等教育を看板に掲げたセンターをあいついで立ち上げた。例えば，京都大学高等教育教授システム開発センター（平成6年設立，現名称は京都大学高等教育研究開発推進センター）などである[注2]。また，私立大学においても平成12年に，日本私立大学協会附置・私学高等教育研究所が設置された。こうして，大学授業の改善・改革に向けて，次々と具体的なアイデアが集積されている。

(注2) 他に，北海道大学高等教育機能開発総合センター，名古屋大学高等教育研究センターなどがある。各大学で名称が微妙に異なる。東京大学には1996年に，「東京大学大学総合教育研究センター」が，設立されている。また東北大学では，2004年10月に，「高等教育総合研究センター」を設置した。これは，大学教育研究センター，アドミッションセンター，学生相談所，保健管理センターなどを統合したものであるという。このように，高等教育研究センターに，学内のより多くの機能を統合する試みもみられる。

(2) なぜ講義法か

　大学の授業には，講義や実験・実習，演習，実技などの種別がある。中でも，講義は大学授業の中核をしめる。

　講義法とは，教員による口頭説明，受講生による聴取・要約筆記を中心とする授業の形式である。大学では今日まで，この方法が当然のごとく広く用いられてきた。もともと大学黎明期においては，専門家の話を直接に聞こうと人々が集まって，講義が成り立っていた。しかし，その頃から既に何世紀も経過している。現代日本では，家庭にテレビやパソコンが普及し，ごくふつうの高校生が，携帯端末機をもつに至っている。この高度情報社会において，いちいち講師が学生に口頭で情報を伝える方法に，意義があるのか。そんな疑問が出るのは当然である。

　そこで，講義という手段を大学で用いるようになった背景を，あらためて整理してみると，次の3点に要約できるであろう。

①限られた数の専門家（教員）が，ある分野の情報をほぼ占有している。
②一方，その情報を求めている人（受講者）が多数いる。
③両者間の適当な情報伝達の手段が，口頭説明・筆記以外にない。

　確かに，現代日本社会においては，こうした条件は揃わない。特に，①や③の状況は激変している。地球の裏側で生じた事件の詳細を，自室に居ながらにしてリアルタイムで把握できる。インターネットや多様な各種メディアを通じて，庶民が比較的手軽に様々な情報を得られるのが現状である。

　しかし，一方的な情報の伝達方法であり時代遅れだとして，現代の大学講義をあわてて全廃することもない。つまり，大学がもつ各種のリソースをうまく活用できるならば，講義も有意義な選択肢でありうるからである。実際，大学の伝統的な講義を改善するために，様々な工夫がなされてきている。教材の開発・利用，教育情報機器やインターネットの活用，評価方法の改善，個別化など，実にいろいろな視点がある。

　その中でも，教員が中心となる授業を脱して，学生参加，学生中心の授業への方向性は，重要な柱のひとつである。講義において教員－学生の関係は，役

表1 講義改善に向けた様々な方法論の位置づけ

	伝統的な講義 ←	→ 講義らしくない授業
特 徴	教員の説明中心	学生の活動中心
教員の役割	情報提供者	システム開発 学習の援助
例（注）	視聴覚教材の導入 BRD	PSI, PBL

（注）本章で取り上げた方法を中心に記載している。

者－観客という関係に見えてしまう。教壇はどう見てもやはり「ステージ」である。そこに立った教員は，何らかのパフォーマンスをしてみせる役どころが期待されてしまう。

　学生中心の授業を目指す場合，講義という「舞台設定」そのものを考えていく必要がある。教員が教壇に立ち，学生が一斉に教員の方を向いて座る。このかたちは，学生に受動的な構えをもたせてしまいやすいからである。つまり，「先生のお話を聞いておく」という態勢に陥りやすいのである。「授業とは教師が何かを与えてくれるもの」という固定観念（田口，2002）を打破する必要がある。

　以上をまとめてみよう。講義法はもともと，専門家が受講生に対して情報伝達することを主目的とする方法であった。しかし，情報化の進んだ今日では，従来のように受講生が一ヵ所に集まり，口頭での説明を受ける必然性が低下している。むしろ，受講生が積極的に授業に参加して体験的に学ぶ場である。あるいは，多数の人が互いに知的な刺激をぶつけ合い，共に学ぶ機会である。そんな視点で，現状を変えていく構えが不可欠だと考えられる。なお，このような考察は，中等教育においてもかなり当てはまるといえよう。

(3) **講義らしくない方式の登場**

　講義を改革する際，大別すると次の2方向がある（表1）。第一に，伝統的な講義のかたちそのものは残す。教員の説明そのものは中核に残すが，工夫をし

て分かりやすくしていこうとする方策である。第二に，講義のかたちそのものを変える。いわば，講義とは異なる新しい大学授業への根本的な転換である。

　教員の説明を重視する第一のかたちを講義というなら，後者は「講義らしくない授業」である。現実に，講義から「授業」へと，学生側のよび方も変わってきている（苅谷，1998）。大学の大衆化に伴い，学生のもつ授業観も，高校の授業の延長のようになってきた。

　大学の講義らしい講義を改革する方策は，実に数多く提案されている（例えば伊藤・大塚，1999）。むろん，それらの諸方策も有意義に違いない。しかし，本節では，大学の授業方法で「講義」からほど遠いPSIとPBLを取り上げる。これらは「講義らしくない授業」である。教員による情報提供は皆無ではないものの，授業時間全体の1～2割以内にとどまる。いずれも，数十年に及ぶ実績があり，過去に膨大な実践・研究を通じてその効果が認められている方法である。

　第一のPSIは，個別化された系統学習である。プログラム学習をベースとする大学の指導方法として考案されている。また第二のPBLは，チュータリングや小グループ活用による問題解決型の学習である。両者は対照的な方法論にもみえるが，学習者中心型の授業スタイルである点では共通している。

① PSI

　PSI（Personalized System of Instruction）は，個別化教授システムと訳されている。プログラム学習や完全習得学習を背景に，ケラーらが考案した（Keller, 1968）。ケラーは，アメリカ合衆国の心理学者である。

　PSIにおいては，プログラム化された教材を用いた個別学習が進められる。プログラム学習では，多肢選択問題や単純なドリルを中心に，教材が組まれている。プログラム化された個別教材（多くは印刷物）の基本構造は，単純である。例えば，①ある学習内容の説明文，②穴埋め問題，③その正答，が順次示される。通常，学習者は①の説明を読んで理解し，②の段階では解答を記入したうえで，③を見て正しかったかどうかを確認する。

　ただし，PSIは初期のプログラム学習とは様相が異なる。PSIは初めから大学生を対象としていたこともあり，課題がしばしばより高度である。例えば，

教科書や学習ガイドを用いてある概念を学習した後に、その実例を問う問題に取り組む（下の例を参照）。このように正誤判断が困難な出題を、プロクターとよばれる助手の導入により、実現している。

〈PSIにおける課題の例〉
「学習とは経験による行動の変化である」と行動主義者はいう。自分の生活をふりかえって、経験の結果、実際に行動が変化した例を挙げなさい。
　　　（　　　　　　　　　　　　　　　）
　→　（　　　　　　　　　　　　　　　）

〈解答例〉
　　　（酒を飲み過ぎて二日酔いになった）
　→　（酒を控えるようになった）

　PSIにおいて受講生は、自分のペースで学習し、自信のついたところで別室に移動して通過テストを受ける。その採点はプロクターによっておこなわれる（プロクターの多くは大学院生。早くそのユニットを修了した受講生の場合もある）。合格したら次の単元に進む。合格点に達しなかったら、再学習である。小テストで仮に不合格になったとしても、何の不利益も受けない。なお、PSIにおいても、従来型講義にあるような教員による講義が、学生を動機づけるためにおこなわれる。しかし、時間的にはごく一部を占めるにすぎない。
　一時期、欧米諸国では、PSIの実践事例が多数みられたようである。しかし、広く普及するには至っていない（江川、2000）。個別学習用プログラムの開発にかかる手間など、実用上の壁が高いように思われる。
　日本では、田中（1989）がPSIの概要を紹介している。このほか、向後（1999、2003）らが、情報メディアを用いたPSIのe-Learningを実践している。個別学習教材は、詳細な内容を含めて、ていねいに作られている必要がある。そのため、印刷物として提供しようとすると、コストも過大なものとなる。しかし、Web上に教材を載せてしまうか、CD-ROMに焼いて配布してしまえば、コストは低く抑えることができる（向後、2003）。つまり、社会の情報化は、

PSI の普及にとって，明らかに追い風となるのである。

② PBL

　講義らしくない授業方法の第二は，PBL（Problem-Based Learning）である。PBL は，問題に基づく学習と訳される。これは直訳であるが，内容は「教員の考案した問題状況に基づく学習」である。PBL は，カナダで 40 年ほど前に始められた斬新な指導方法である。マクマスター大学（Faculty of Health Science, McMaster University）がメディカルスクールを新設した時，この方法を全学的に導入した。日本でも最近になって注目され，医学，看護学などの専門領域を中心にして，広がりを見せている。

　PBL は，「総合的な学習の時間」の導入に伴ってあらためて注目されている「問題解決学習」[注3] の一種と考えてもよいであろう。しかし一般に，問題解決学習では，子どもが日常的問題を自ら発見し解決に取り組むことを重視する。一方，PBL では少々違う。授業の冒頭で教員が，ある具体的な問題状況を提示する。学生は小グループを作って，既有知識を動員したり，様々な資料を収集して解決を試みる。そして，その過程で次第に学んでいく。通常，各グループについたチューターが助言をおこなう。医学教育での具体例として，教員がある患者の既往歴や症状データを示して，学生（あるいは院生）グループが討論し，考えられる疾患や治療方針をレポートする。きわめて実践的な学習方法なのである。

　PBL は，現代教育における最大の進歩の一つだとまでいわれている。このような発展をみたのは，PBL が次のような能力をのばすのに有効だと分かったからである（Levin, 2001）。批判的思考，複雑な現実世界の問題を分析する技能，様々な情報リソースを用いて，発見し，評価する，グループで協力して作業する能力などである。

(注3) 問題解決学習にもいろいろな類型がみられる。特に，①子どもが生活の中で意識する問題を土台にする学習と，②社会の問題（環境問題，情報化など）を扱うものとに大別できる。今日の「総合的な学習の時間」は，後者の類型に近いだろう。社会科における戦後の問題解決学習は当時，「はいまわる経験主義」という批判をあびた。総合的な学習の時間も，学力低下論の盛んな中，再び同様の批判をあびているようにみえる。

以下には，教育心理学の授業で用いられた問題の例を示す（図1）。これを見ても分かるとおり，正解が一つに決まらないようなあいまいな問題（ill-structured problem）をつきつけて，学生に考えさせる仕組みである。私たちが直面する現実の社会問題を，シミュレートさせるともいえるだろう。しかし，既に述べたとおり，問題を教員の方があらかじめ準備してきて，ポンと学生に与えるかたちを取る点が特徴的である。

　伝統的な教科指導法とPBLとでは，何が違うのか。従来の伝統的な方法（系統学習）では，特定の学問領域から教科内容を抜き出して用いている。そうすることには三つの大きな利点があったと，リトルとサウエル（Little & Sauer, 1997）は述べている。第一に，容易にルーチン化できる。指導する内容は，既に出版された標準のテキストに書かれている。それらを，講義や演習や実験を通して，伝えればよい。第二に，講義室の大きさや実験室の数を変えることによって，学生数の変化に即座に対応できる。第三に，当然のようにして正当さを主張できる。学問の世界において，既に広く受け入れられている内容を指導するのだ，というわけである。

　教科中心の系統学習か，それとも子どもの興味関心を土台とする問題解決学習か。これは，戦後社会科教育の大きな論争点の一つであった。

　問題解決学習は子どもたちの興味関心や生活体験を重視する。このため，確かに動機づけの点では好ましい。しかし同時に，このやり方では，学習される内容に偏りが生じるとの懸念もでてきた。一方，系統学習は子どもたちの生活体験と必ずしも直結しない学習内容を，扱うことになる。

　そこで，両者を結びつける工夫が不可欠となる。新学習指導要領においては，横断的・総合的な学習である「総合的な学習の時間」が登場した。そして，再び「教科の枠」がもつ長所と短所という問題が議論されている。PBLは，系統学習と問題解決学習の双方の特徴を併せもった方法と考えられ，この観点からも興味深い。

　以上紹介してきたPSIも，PBLも，伝統的な講義とは根本的に進め方が異なる。教員の果たす主な働きも，一変する。PSIにおいて教員は，個別学習プログラムの作成とアシスタントやプロクターの訓練，そして成績評価をおこなう。また，PBLにおいては，問題作成や問題解決の援助者としての仕事を教員が担

あなたは、シカゴ都市部にある中流階級、白人が中心の小学校で1年生を担当している。2年生の教師たちがカリキュラム・コーディネータに、児童が1年生の段階で、基礎的な算数能力を身につけていないと指摘した。あなたはこの学区で10年以上用いられてきたプログラムに従って指導してきた。カリキュラムを調べてみると、十分な量のドリルが課されているはずである。どうしてだろうか。

アイオワ・基礎技能テストの結果では、この学区の児童の計算技能の得点は、州平均より若干高い。しかし、算数概念のテストでは国の平均値を下回っていた。

記憶や学習に関する研究に基づいて、自分の学級での問題への対処法を作りなさい。2年生のほかの教師、校長先生、父母に対する説明ができるようにすること。

図1 問題 2年生の算数能力「剥落」 (Shumow, L., 2001)

う。むろん、情報提示者という機能を全く失うわけではない。その比重が変わるだけである。

ここで、教員は主役の座ではなく、授業システムの開発者かつ「ファシリテーター」の位置に移る。先に述べたように、情報化の進展に伴い、教員と学生との関係も変化を余儀なくされている。PSI や PBL は、情報化時代に適した講義の形式を提案しているといえる。受講生に対して、知識を与えようとする姿勢を弱めてみる。そして代わりに、必要に応じて助言するという立場をとるのである。

当日ブリーフレポート方式

以上、大学の授業改革の方向性を整理してきた。特に、講義とは大きく異なる PSI や PBL という授業形態を紹介した。両者に関しては「改善」というよりも、「講義革命」という言葉のほうが、ふさわしいかもしれない。このような伝統的講義の対極に位置する方法へ一気に移行することは、容易ではない。PSI や PBL を導入するには、かなりの準備期間をみた方がよいだろう。

革命を起こすには、膨大なエネルギーが必要である。そこで次に、比較的導入しやすい講義改善の方式として、当日ブリーフレポート方式を紹介する。先の表1にも示したように、教員の説明を中核とする講義を改善する方式である。

(1) 当日ブリーフレポート方式（BRD）とはなにか

当日ブリーフレポート方式（宇田，2000a，b，c；中西・宇田，2003），略称BRD。授業のごとに毎回，「当日レポート」を執筆してもらうことで，到達目標を明確化して，受講生を講義により集中させる方法である。

ねらい

BRDはもともとは，大教室での私語対策で始めた方法である。つまり，学生一人ひとりが学習に集中できる静粛な環境で講義をするための工夫である。

ブリーフカウンセリングにおける「問題の例外を発見し，それを広げる」という発想（本シリーズの①『ブリーフ学校カウンセリング』を参照）を応用している。つまり，「多人数だとざわついている教室（問題）が，たまたま静かだという例外は，どんな時だろうか」と考えてみたのである。

すると，たとえば「学生一人ひとりが自分の課題に取り組んでいるとき」「うるさいぞと叱った直後数分間」「期末試験の時間中」などが例外的に静かだ，と考えられる。このような例外を広げられないか。「叱った直後」という例外はともかく，個別に何か課題をやってもらうことは有効に思えた。そこで，「一人ひとりが自分の課題を制限時間内に完成，提出する」という状況を，授業に組み込めないかと考えた。そのためには，小テストを学期中に何度も繰り返す方法もよい。しかし，問題作成や採点にとられる手間暇を考えると，小テストはとても長続きしそうにない。そこで，授業内の小レポートを利用するという手段にたどりついたのである。テストと違って，レポートならば，めんどうな問題の作成・印刷は必要ない。執筆テーマを当日その場で板書すれば十分である。これなら，忙しい中でもなんとか，続けてやれそうであった。

実際にBRDを始めてみると，その効果を実感できた。何の工夫もなく単調な講義をおこなっているときとは，学生の反応が明らかに違う。特に，講義への集中度の高さは歴然としている。そこで客観的な数字で確認すべく，質問紙調査をしてみると，受講生の満足度が非常に高い（宇田，2000a）。あらためて考えると，このやり方には，次のように数多くの利点があることに気づく。

①レポートのテーマというかたちをとって，当日の到達目標を具体的かつ明

確に示すことができる。
②達成すべき課題が目の前にあるので，学生は集中せざるをえない。居眠りなどしておられない。そして，（集中）→（教室が静か）→（説明しやすい・聞き取りやすい・分かりやすい）→（集中）……という「良循環」が達成できる。つまり，私語による悪循環をみごとに打ち破る強力な手段であることが明らかになったのである。
③当日レポートは，形成的評価・ポートフォリオ評価をおこなう道具となる。まず，隣の人と交換して感想を記入する，回収したレポートの一部を教員が次回講義の冒頭で紹介する，など様々な方法で，受講生の声を授業に反映できる。また，学期末には，レポート集（ポートフォリオ）として提出を求めることができる。つまり，毎回のレポートを蓄積することで，個人の学習記録となるのである。

方　　法

　茶道のような伝統芸には，一定の「手順」がつきものである。決まった道具（器具）や手順があって，それらは師匠から弟子へと受け継がれる。熟達するまでには，師匠について徹底的な反復練習がなされる。そして，一連の動作はみごとに無駄なく美しく運ぶようになり，その動き自体が一つの芸術となる。
　中国に出張した際，「茶芸」を見せてもらった。日本の茶道と似ているが，違う点もある。まずザルそばのザルにも似た「茶盤」という器具の上に茶器を並べる。急須（茶壺）は小さい。湯飲み（茶杯）も，日本のおちょこのような小さいものを用いる。このほか，聞香杯と呼ばれる香りを楽しむための特別な杯も準備されている。
　中国茶を入れるにはまず，茶器を温める。次に，急須に茶葉を入れて，お湯を注ぐ。1せん目は捨ててしまう。2せん目から飲む。以後，少量のお茶を何度にも分けて飲むのである。最後に「良いお茶は，何せんも楽しむことができます」というセールストークに乗せられて，上等の茶葉をみやげに買って帰ることになる。
　茶器や一連の手順は，長年にわたって改良を加えられ，洗練されてきたものである。これらの茶器を用い，手順に従うと，誰でも手軽においしいお茶を楽

表2　BRD方式を用いた講義における4段階の時間配分例

段階	時間	備考
① テーマ確認等	10分	前回レポートの返却を含む
② 構　想	10分	授業内「予習」
③ 情報収集	50分	教員による説明など
④ 執　筆	20分	授業内「復習」

しむことができる。無駄なく茶葉の成分をうまく引き出すので，経済的でもある。

　お茶にもいろいろな種類があり，日本茶と中国茶では楽しみ方が違うし，中国茶の中にもまた多様な楽しみ方がある。しかし，上で述べたような基本となる道具や手順は，かなり共通しているといえるだろう。

　実は，BRD方式も，授業の効率を高める一定の「道具と共通手順」なのである。BRDで用いる道具は，A4版のレポート用紙である。茶器と同様，目的に合った道具を，あらかじめ準備しておくべきである。また，手順は上に示す4段階（表2）となる。

①テーマ確認

　教員は「当日レポート」の実施を宣言してレポート用紙を配布するとともに，テーマおよび執筆時間を板書する（図2）。教科書のマル写しでは完成できないような具体的なテーマを，あらかじめ考えておく。執筆時間が限られているので，あまり大きなテーマを設定しないことが大切である。筆者はテーマを1回あたり2つ準備することが多い。難度の異なる2種類（選択ではなく，2問必修）とするのである。また，参照する教科書の章を指示することもある。

②構想段階

　15分間前後の考慮・構想時間を与える。学生はこの間，テキストを使って「予習」することもできる。テキストと講義内容との一致度が高い場合は，この時間を長目にとる。テキストを読むだけでも，時間を要するからである。教師はこの間，机間指導し，質問があればその場では簡単な説明のみをおこ

```
本日のレポート
  テーマ
    スクールカウンセラーの職務……
  時間   説明前   10分
         説明後   20分
```

図2　本時の板書案

なう。また，どんな所を強調して説明すればいいかを，この時の反応で把握しておく（診断的な評価）。

③情報収集段階

　受講生が互いの構想を知る機会をもうける。教師は発問して，必要な情報を引き出すよう努める。また，教師は学生からの質問を受けたり，通常の講義と同じように説明をおこなう。板書，受講生への発問・指名，教材提示など，必要に応じて自由に展開する。

　この段階が，従来型の講義法にあたる。むろん，時間は短くなるので，講義内容の精選が必要となる。

④執筆段階

　当日レポートの執筆（20分程度）。教師はこの間，机間指導し，質問があれば個別に回答する。早く完成した人には挙手させて，教員はその場で目を通し，時間が許せば必要な助言をしたり，朱を入れたりするようにこころがける。場合によっては，書けた人から直接教師に手渡すかたちで提出し，退室する。

　なお，名前の示すとおり，レポートは当日においてのみ受理する。

　以上の4段階のうち，特に②の構想段階がBRDのユニークな部分であり，もっとも大切である。この段階において，学生は自分自身の力でレポートに取り組んでみて，自分の既有知識の不足を認識する。そして，何とかしようとして，自分の意思で情報収集活動を開始するからである。逆にいえば，この段階のない伝統的な講義は，学生が自ら必要性を感じないうちに，情報提供を始めてしまっていたことになる。

応　用

　繰り返すが，BRD は4段階からなる単純な手順にすぎない。しかもこうした一連のステップは，あくまでも基本形である。このため，実に多様な応用が可能である。例えば，レポートを題材とするペアワークやグループでの討論を入れてもいいだろう。教科内容によっては，テーマを小テストのように多肢選択の問題としてしまうことも考えられる。

　また，集中講義などは BRD を用いるには最適である。長時間にわたるため，単調さを避ける工夫が不可欠だからである。「聞く」という活動と「書く」という活動をうまく交互に入れ込むことで，変化に富んだ講義にできるだろう。

(2) BRD 方式の効果

　BRD は既に実証的な検討を加えられている。そこで明らかになったことは，BRD は従来型の講義よりも①集中度・理解度・興味度の評定が高いこと，②授業中の私語は少ないこと，③学生による授業評価は高いこと，などである（宇田，2000a，b，c；Uda & Nakanishi, 2004）。詳細は宇田（2005a）にまとめられている。

　このように一連の研究成果から，BRD に授業効率を高める効果があることは，はっきりしてきた。では，なにがその効果をもたらしているのだろうか。動機づけなどに関する過去の教育心理学の研究をふまえると，仮説的ながら，次のようなことがいえるだろう。

①学習者主体の授業を演出する

　BRD では，テーマそれ自体は教員が準備して与える。しかし，レポートの内容を構想して書くのは，個々の学生である。「自ら積極的に学習しない限り，何も進まない」。誰も代わりに書いてはくれない。授業の終わりにレポートが完成していなければ，それは他の誰でもない，自分自身の責任なのである。逆に，完成できれば，達成感・自己有能感を味わうことができる。言い換えれば，当日レポートは，教室という舞台における学生の役割を，観客から俳優に置き換える役割を果たしている。つまり，ブリーフカウンセリングでいう「リフレーミング」（再定義）を実現した[注4]。

②ウォームアップ効果

　BRDが他の講義方式と異なる最大の特徴は，構想段階の存在である。これは，「講義内予習」の段階ともいえる。この時間をたとえ10分でも確保することで，受講生は自らの既有知識を活性化し，自分自身の知識の不足に気づかされる。そして，はっきりしない，自信がもてない部分を確かめたいと思う。つまり，そのようにして認知的に動機づけられると考えられる（中西・宇田，2003）。この構想時間を無駄だと感じる教員もおられるようだが，決して省略してしまってはならない。お茶を入れる際に茶器を温めておく手順は，不可欠である。

③ライティングの効果

　BRDは二重の意味でライティングを有効に活用している。第一に，BRDは論理的な文章を書く機会を豊富に提供する。小・中学校，高校までは，ライティングといえば作文や読書感想文が課題である。そこでは，思ったことを自由に書くことが強調された。一方，大学では，課題レポートや卒業論文が重要な位置を占める。高校までとは違って，客観的な根拠を示して論理的に文章構成していくことが求められる。より高度なものを要求されるし，執筆分量も概して多くなる。繰り返し書く機会が与えられることは，大学生の知的な基礎訓練として重要である。ライティングの技能が向上すれば，期末テストや課題レポートの評価において有利である。単位が取得でき，卒業できる可能性が確実に高まる。第二に，ライティングは学習を促進する。ライティングという過程と学習という過程とはもともと，共通点が多いとされている（Emig, 1977）。

ライティングという課題は，一般的に学力向上に効果的であることが知られている。ライティングの効果に関するバンガート-ドラウンズら（Bangert-Drowns et al., 2004）によるメタ分析の結果を要約すれば，ライティングは，学業成績にプラスに作用する。ただし，条件によっては負の効果を報告している研究もいくつか存在している。特に，1回あたりにあまり長い時間をかけてお

(注4) ブリーフカウンセリングでは，膠着した難問を解決する際に，問題のリフレーミングという技法を用いることがある。問題状況そのものは変えずに，その見方を変えることで，結果的に状況を変えてしまおうとする方法である。

こなう課題は，効果が落ちるようである（宇田，2005b）。むしろ，短時間の課題を繰り返して長期間，継続的におこなう方がよい。その点でも，学期末に長大なレポートを課すよりも，BRDのように短いレポートを繰り返す方式は好ましいであろう。

(3) 中学校・高校の授業への応用

　一般に大学での授業の単位時間は45分であり，2単位時間90分をまとめてとることが多い。これは，第一にまとまった内容の指導をおこなうには，一度に長い時間をとったほうが都合がよいという判断，そして第二には，大学生ともなれば，90分くらいなら集中力を保てるであろうという発達的な観点，そして第三には講師配置上の都合（大学は外部非常勤講師に頼る割合が高い），などの条件を配慮したものであろう。

　一方，1998年の学習指導要領改訂に伴い，単位時間の弾力化が可能となった。従来は全国一律の授業時間でそろっていた中学校・高校でも，1コマの時間が多様化し始めている。学校週5日制度の導入などに伴い，中学校・高校は様々な方法で授業時間を確保しようとしている。中でも，一律に50分でおこなわれてきた授業時間にも，大きな変化がみられる。1コマを65分，70分などかなり従来より延長する高校が少なくない（これは，1日の授業コマ数を6から5に減らすことで，休憩時間が1回分浮くことを狙っているのである）。さらには，大学と同じ90分の授業をおこなう高校もでてきている。文科省がおこなった「平成14年度公立小・中学校における教育課程の編成状況等の調査結果」によれば，66分以上の1単位時間を用いている中学校も，5％ある[注5]。

　このように1コマの時間が大学なみに長くなってくると，BRDは高校でも実施可能である。BRDはもともと，大学の授業改善を目的として開発されたものである。むろん，大学と中等教育とでは条件が異なる。しかし，BRDは他の校種にも応用できる可能性を秘めた方法であると思われる。

宇田　光（南山大学　総合政策学部）

(注5) 全国の中学校10281校を対象とした調査。平成14年5月1日現在。1単位時間は，20分以下から101分以上まで，7段階に分けた設問，複数回答可。

【文献】

Bangert-Drowns, R. L., Hurley, M. M. & Wilkinson, B. 2004 The effects of school-based writing-to-learn interventions on academic achievement : A meta-analysis. *Review of educational research*, 74, 1, 29-58.

江川美知子　2000　Personalized System of Instruction (PSI) ―歴史，教育システム，及び日本の大学における活用意義　大学教育学会誌 22, 2, 197-203.

Emig, J. 1977 Writing as a model of learning. *College composition and communication*, **128**, 122-128.

伊藤秀子・大塚雄作　1999　ガイドブック大学授業の改善　有斐閣

苅谷剛彦　1998　変わるニッポンの大学　玉川大学出版

Keller, F. S. 1968 Good-bye, teacher ... *Journal of applied behavior analysis*, **1 (1)**, 79-89.

向後千春　1999a　大学における Web ベース個別教授システム (PSI) による授業の実践　教育心理学年報，**42**, 182-191.

向後千春　1999b　個人化された教授システムの大学での実践　早稲田大学心理学年報，**31**, 127-132.

Little, S. E. & Sauer, C. 1997 Organizational and institutional impediments to a problem-based approach. In D. Boud & G. I. Feletti (Eds.) *The challenge of problem-based learning. (2nd ed.)* Kogan Page, London.

中西良文・宇田 光　2003　当日ブリーフレポート (BRD) 方式による講義の効果―興味度・理解度・集中度についての実験的検討　大学教育学会誌，**25**, 89-95.

Shumow, L. 2001 Problem-based learning in an undergraduate educational psychology course. In B. B. Levin (Ed.) *Energizing teacher education and professional development with Problem-based learning.* Association for supervision and curriculum development : Alexandria, Virginia, USA.

須田康之　1989　大学教員の研究・教育観　片岡徳雄・喜多村和之編　大学授業の研究　玉川大学出版，pp. 52-64.

田口真奈　2002　「考える力」の育成をめざした授業の構造　京都大学高等教育教授システム開発センター編　大学授業研究の構想：過去から未来へ　東信堂，pp.117-148.

田中 敏　1989　日本の大学の授業に PSI を適用するためのマニュアル　教育心理学研究，**37**, 365-373.

田中 一　1999　さよなら古い講義―質問書方式による会話型教育への招待　北海道大学図書刊行会

宇田 光　2000a　当日ブリーフレポート方式による講義―受講生が集中できる BRD　学校カウンセリング研究，**3**, 37-44.

宇田 光　2000b　当日ブリーフレポート方式による講義　大学教育学会第22回大会発表予稿集，164-165.

宇田 光　2000c　大学における学生参加型講義への取り組み (4) ―当日レポート方式の導入　日本心理学会第64回大会発表論文集，1117.

宇田 光・中井良宏・片山尊文・山元有一　2000　大学の授業改革のゆくえ　中井良宏・宇田 光・片山尊文・山元有一　地域に生きる大学　和泉書院　pp.47-118.

宇田 光 2004 当日ブリーフレポート方式の講義に関する比較研究 南山大学紀要アカデミア，**78**, 351-376.
宇田 光 2005a 大学講義の改革 北大路書房
宇田 光 2005b ライティングを活用する分節化講義の効果— GLPとBRDを中心に 学校カウンセリング研究 **7**, 31-37.
Uda, H. & Nakanishi, Y. 2004 activating students' mental state with a new-format lecture. The 28th International congress of psychology, August 11th, Beijing.

事項索引

あ行

アカウンタビリティ　140
赤ペン　60
up position　71
e - Learning　144
生きる力　47, 117
一斉授業　26
茨城県教育研修センターの調査　121
インフォームド・コンセント　69
ヴォイス・パワー　3
ウォームアップ効果　153
SL 状況対応理論　77
援助
　　──チームシートの導入　87
　　──ニーズ　117
折り合い　123

か行

解決焦点化アプローチの導入　85
学習意欲　117
　　──の低下　117
学習
　　──支援　104
　　──スタイル　83
　　──動機づけ　104
　　──不適応　82
学生参加　141
学生による授業評価　139
学力向上フロンティアスクール　62
学力の低下　118
学校教育　117
学校心理学　117
家庭学習　90
関心・意欲・態度　54

完全習得学習　143
机間指導　25
教師と子どもの人間関係　117
教師の4種類のサポート　117
教師の配慮認識　121
協同学習　1
グラス・スミス曲線　23
グループ学習　26
形成的評価　149
系統学習　146
講義法　141
構想段階　150
コーディネーター　98
国際数学・理科教育動向調査 2003
　　（TIMSS 2003）　118
子ども相互の人間関係　117
子どもの認識　121
個に応じた指導　50
個別
　　──化教授システム　143
　　──学習　26
　　──学習アシスト教室　98
　　──学習指導　97
コミットメント効果　73

さ行

再帰属療法　75
シェアリング　72
自学自習の時間　81
私語　139
自己
　　──決定　82
　　──効力感　95
　　──有能感　152

実際的な支援　126
執筆段階　151
社会的絆論　68
社会の情報化　144
集中講義　152
自由バズ学習　66
授業　117
　　——形態　26
小学校学習指導要領　81
情緒的サポート　125
情緒的な声かけ　125
少人数授業　23
情報収集段階　151
情報的サポート　126
情報を提供　126
心理教育的援助サービス　117
数学検定　62
数学的な考え方　54
ストラテジー　58
成功経験　82
生態学的モデル　124
総合的な学習の時間　145

た行
大学教育学会　140
確かな学力　47
達成感　152
知的リソース　94
チューター　145
伝え合う力　1
テーマ確認　150
適性処遇交互作用（Aptitude-Treatment Interaction：ATI）　97
道具的サポート　126
当日ブリーフレポート方式　147

な行
日本高等教育学会　140
認知カウンセリング　113

は行
バズ・セッション　67
バズ学習　67
発展的な学習　47
BRD方式　139
PSI（Personalized System of Instruction）　143
PM理論　76
PBL（Problem-Based Learning）　145
一人ひとり　117
ヒューマン・サービス　117
評価的サポート　126
ファカルティ・ディベロップメント（FD）　139
ファシリテーター　147
フィードバック　126
復習バズ　84
複数教員による指導　55
藤沢市教育文化センターの調査　118
ブリーフカウンセリング　148
ふりかえりカード　39
プレゼンテーション能力　12
プログラム学習　143
勉強離れ　117
ポートフォリオ評価　149
ボランティアチューター　97

ま行
メタ分析　153
問題
　　——解決学習　145
　　——解決力　55
　　——に基づく学習　145

ら行
ライティング　153
リフレーミング　71, 152
良循環　73
level position　72

人名索引

あ行

浅輪郁代　　　1
安藤寿康　　　97
生駒有喜子　　62
石隈利紀　　　85, 87, 117, 124, 125, 127, 130
市川伸一　　　113
市川千秋　　　66, 67, 68, 71, 72, 83, 85
伊藤説朗　　　49
伊藤秀子　　　143
宇田　光　　　140, 148, 152, 153, 154
江川美知子　　144
Emig, J.　　　153
大塚雄作　　　143
大野精一　　　127
大村はま　　　67

か行

鹿毛雅治　　　97
片山尊文　　　140
勝井ひろみ　　62
勝美芳雄　　　62
加藤幸次　　　23
加藤大樹　　　100, 112
Cahen, L. S.　23, 66
苅谷剛彦　　　143
北尾倫彦　　　83, 84
木村　駿　　　101
Glass, G. V.　23, 66
Cronbach, L. J.　97
Keller, F. S.　143
向後千春　　　144
古賀健一　　　52
後藤正行　　　45

さ行

桜井茂男　　　75
塩田芳久　　　67, 74, 84
重松敬一　　　62
Shumow, L.　147
杉江修治　　　1, 23, 24, 44
須田康之　　　139
Smith, M. L.　23, 66
Seligman, M. E. P.　101
Sauer, C.　146

た行

高久清吉　　　118
田上不二夫　　123, 124
田口真奈　　　142
辰野千尋　　　84
田中　敏　　　144
田村節子　　　85, 87
土屋基規　　　98

な行

中島英貴　　　100
中西良文　　　100, 148, 152, 153
中原忠男　　　51
西口利文　　　24, 27
野津　喬　　　52

は行

Hersey, P.　78
Hirschi, T.　68
速水敏彦　　　83
Bangert-Drowns, R. L.　153
平井　久　　　101
Phillips, J. D.　67

Filby, N. N.   *23, 66*
藤田高広   *100, 112*
Blanchard, K. H.   *77*
堀　裕嗣   *3, 4, 9*

ま行

増淵恒吉   *67*
三隅二不二   *77*

や行

矢木　修   *100, 112*
山口豊一   *117, 124, 125, 127, 130, 131, 136*

ら行

Little, S. E.   *146*

【監修】
市川千秋（いちかわ・ちあき）
皇學館大学文学部　学校心理士
［主な業績］「学校での問題をいかに解決するか」（編訳，二瓶社），「学校で役立つブリーフセラピー」（監訳，金剛出版），「学校を変えるカウンセリング」（監訳，金剛出版），「いじめ解決プログラムに関する研究」（共著，三重大学教育実践研究指導センター紀要15号），「自由バズを取り入れた授業の進め方」（編著，明治図書），「TET教師学」（共訳，小学館）

【編集】
宇田　光（うだ・ひかる）
南山大学総合政策学部　学校心理士
［主な業績］「中学校・高校でのブリーフカウンセリング」（監訳，二瓶社），「地域に生きる大学」（共著，和泉書院），「大学講義の改革—BRD（当日レポート方式）の提案」（北大路書房），「ブリーフ学校カウンセリング」（共編著，ナカニシヤ出版）

山口豊一（やまぐち・とよかず）
跡見学園女子大学文学部　学校心理士　臨床心理士
［主な業績］「学校心理学が変える新しい生徒指導」（共編著，学事出版），「チーム援助で子どもとのかかわりが変わる」（共編著，ほんの森出版），「学校心理学ハンドブック」（共著，ぎょうせい），「ヒューマンサービスに関わる人のための学校臨床心理学」（共著，文化書房博文社）

西口利文（にしぐち・としふみ）
中部大学人文学部　学校心理士
［主な業績］「成長する教師」（共著，金子書房），「学ぶ心理学・生かす心理学」（共著，ナカニシヤ出版），「問題場面に対処する教師行動についての研究—児童の行動評価からの分析—」（カウンセリング研究34巻），「問題場面の児童の言葉かけを学ぶグループワークシートの効果」（カウンセリング研究37巻）

【執筆分担】
はじめに　　監修者・編者
1章　　浅輪郁代（愛知県犬山市立犬山北小学校）
2章　　西口利文（編者）
3章　　勝美芳雄（皇學館大学文学部）
4章　　中井克佳（三重県北牟婁郡紀北町立赤羽中学校）
5章　　松本　治（三重県松阪市立仁柿小学校）
6章　　中西良文（三重大学教育学部）
7章　　山口豊一（編者）
8章　　宇田　光（編者）

学校心理学入門シリーズ 2
授業改革の方法

| 2007 年 6 月 20 日 | 初版第 1 刷発行 |
| 2008 年 9 月 1 日 | 初版第 2 刷発行 |

定価はカヴァーに表示してあります

監　修　　市川千秋
編　者　　宇田　光
　　　　　山口豊一
　　　　　西口利文
発行者　　中西健夫
発行所　　株式会社ナカニシヤ出版
〒606-8161　京都市左京区一乗寺木ノ本町15番地
　　　　　　Telephone　075-723-0111
　　　　　　Facsimile　075-723-0095
　　　Website　http://www.nakanishiya.co.jp/
　　　Email　iihon-ippai@nakanishiya.co.jp
　　　　　郵便振替　01030-0-13128

装幀＝白沢　正／印刷・製本＝ファインワークス
Printed in Japan
Copyright © 2007 by C. Ichikawa
ISBN978-4-7795-0122-7